Die Verwirkung

Ein Beitrag
zur Lehre von den zeitlichen Schranken
der Ausübung der subjektiven Rechte

von

Dr. jur. St. Chr. Karakantas
Rechtsanwalt in Thessaloniki

Hamburg
Friederichsen, de Gruyter & Co.
1938

Gedruckt bei Niemann & Moschinski, Hamburg 23.

Frau Irene C. Kyriazi
und Herrn Constantin J. Kyriazi
in tiefster Dankbarkeit
zugeeignet!

Vorwort.

Das Problem der Verwirkung ist eine viel umstrittene, offene Frage unseres modernen Rechtslebens. Seine Vielseitigkeit und Wichtigkeit für das praktische Leben hat eine kaum übersehbare Rechtsprechung und eine reiche Literatur hervorgerufen.

Es ist Aufgabe der Rechtswissenschaft, der Verwirkung eine dogmatische Grundlage zu geben, die ihrer großen praktischen Bedeutung gerecht wird. Dieser Aufgabe ist die vorliegende Arbeit gewidmet. Sie stellt den Versuch dar, die Verwirkung einfach und klar dogmatisch aufzufassen und ihr möglichst feste Grundsätze für die Praxis zu geben.

Hauptsächlich sind die Grundfragen des Verwirkungsproblems behandelt. Einzelfragen, die von sekundärer Bedeutung sind, sind nur gestreift, um die gegebene Lösung des Problems nicht unnötig zu belasten und die Klarheit der Darstellung nicht zu beeinträchtigen.

Bücher und Kommentare sind in ihren letzten Auflagen benutzt.

Für die Abkürzungen ist grundsätzlich das Abkürzungsverzeichnis von Maas-Magnus maßgebend.

Die Wahl des Themas traf Herr Professor Dr. Leo Raape, Hamburg, dem ich hier meinen Dank aussprechen möchte.

Hamburg, den 1. September 1938.

Der Verfasser.

Inhaltsverzeichnis.

Seite

Die Verwirkung als Rechtsgeschäft.

Die Verwirkung kraft Gesetzes.

„Wie im Recht selbst, so findet auch in der Anschauungsweise der Wissenschaft ein ewiger Fortschritt statt, ihr geistiger Horizont und damit der Kreis des Möglichen erweitert sich, sei es durch ihr eignes Verdienst, sei es durch die Macht der Tatsache, die ihr das bisher für juristisch unmöglich Gehaltene als praktisch notwendig aufdrängt und ihr damit die Nötigung auferlegt, das Gebiet des theoretisch Möglichen dementsprechend auszudehnen."

R. v. Jhering, Geist des römischen Rechts Bd. II 2, S. 377.

Einleitung.

Die Regelung der Rechtswirkungen des Zeitablaufs ist in unserer Rechtsordnung starr und für den heutigen schnellen Verkehr ungenügend.

Gesetzliche Zeitschranken der subjektiven Rechte sind die Verjährung als zeitliche Höchstgrenze ihrer Ausübung und die einzelne Fälle regelnde Ausschlußfristen. Hinzuzufügen ist, daß es eine große Zahl von Rechten gibt, die keiner zeitlichen Beschränkung unterliegen.

Das Bedürfnis nach einer Berücksichtigung des Treu- und Glaubensgedankens in der Regelung der Rechtswirkungen des Zeitablaufs und somit der Beseitigung der herrschenden Starrheit, haben das Verwirkungsproblem hervorgerufen.

Die Verwirkung ist das Rechtsinstitut, welches die Gestaltung der Rechtsausübung in bezug auf die Zeit nach Treu und Glauben ermöglicht. Sie bedeutet den Sieg des Treu- und Glaubensgedankens auf einem bis heute noch starr geregelten Gebiet unserer Rechtsordnung.

Diese Arbeit versucht, den Grundgedanken der Verwirkung klarzustellen, den Begriff der Verwirkung herauszuarbeiten und die zusammenhängenden Fragen zu lösen, die für das praktische Leben von Bedeutung sind.

Die Grundlage unserer Untersuchung bilden die Verwirkungstatbestände, die uns das Rechtsleben in den Erkenntnissen der Gerichte, besonders des Reichsgerichts, bietet.

Den Kompaß für die Beantwortung der auftauchenden zahlreichen Fragen gibt uns nach einer gründlichen Interessenforschung und Feststellung der zusammenstoßenden gegensätzlichen Interessen und der Bedürfnisse des Rechtslebens, die das Verwirkungsproblem hervorgerufen haben, der Zweck, die Billigkeit, die Gerechtigkeit, der Treu- und Glaubensgedanke, welches alles besondere Bezeichnungen eines Grundgedankens, nämlich des Gemeinschaftsgedankens, sind.

Die Einordnung des neuen Rechtsinstituts, der Verwirkung, in das Rechtssystem erfolgt reibungs- und zwangslos, ohne eine Veränderung der bisherigen Rechtsbegriffe und der geltenden Dogmen aufzunötigen und ohne Verstoß gegen die geltenden Rechtssätze. Es könnte vielleicht nicht ohne Recht behauptet werden, daß „die Vermittelung des praktisch Neuen mit dem theoretisch Alten"[1] gelungen ist.

Die Verwirkung ist für das gesamte praktische Leben äußerst wichtig, denn sie berührt die Ausübung der subjektiven Rechte, die sie zeitlich nach Treu und Glauben beschränkt. Die große Bedeutung der Verwirkung bestätigt eine sehr umfangreiche Rechtsprechung und eine in kurzer Zeit entstandene reiche Rechtsliteratur.

---

[1]) R. v. Jhering, Geist des römischen Rechts, Bd. II 2, S. 377.

Erster Teil

§ 1. Die gesetzlichen Zeitschranken der subjektiven Rechte.

I. Die subjektiven Rechte sind nach dem Gesetz hauptsächlich durch die Verjährungs- und Ausschlußfristen zeitlich beschränkt, abgesehen von den Fällen, in denen sie aus ihrem Wesen selbst oder rechtsgeschäftlich begrenzt sind.

Ein besonderer Fall zeitlicher Beschränkung von Rechten kommt in den §§ 847 und 1300 BGB vor, in welchen bestimmt wird, daß die Ansprüche des Berechtigten wegen nichtvermögensrechtlichen Schadens unvererblich sind, wenn sie nicht rechtshängig geworden oder vertragsmäßig anerkannt sind.[2] Diese Ausnahmefälle bedeuten eine aus Sondergründen angeordnete spezielle zeitliche Beschränkung von besonderen Ansprüchen und sind ohne Bedeutung für das Problem der zeitlichen Schranken der subjektiven Rechte.

Von den Ausschlußfristen sind diejenigen Fälle zu unterscheiden, in welchen das Recht kraft Gesetzes eine zeitlich beschränkte Lebensfähigkeit besitzt, so daß es nach Ablauf der bestimmten Zeit ohne Rücksicht auf seine Geltendmachung erlischt, z. B. PatG § 10 (Dauer des Patents 18 Jahre), LitUrhG § 29. Es handelt sich auch hier um eine Sonderregelung der Lebensdauer von bestimmten Rechten.

II. Die Verjährung, welche praktisch die wichtigste zeitliche Schranke der subjektiven Rechte ist, umfaßt nur einen bestimmten Teil der subjektiven Rechte, nämlich die Ansprüche, und läßt die übrigen unberührt, so daß letztere grundsätzlich keiner zeitlichen Beschränkung unterliegen.

Von der Verjährung sind auch diejenigen Ansprüche praktisch ausgeschlossen, die aus einer dauernden Verletzung von Rechten entstehen, denn die Verjährungsfrist beginnt mit dem Ende der Verletzung zu laufen.[3]

Die Ausschlußfristen beschränken immer nur bestimmte Einzelrechte und sind deswegen nicht analog anzuwenden.

Außerdem sind die Verjährungs- und Ausschlußfristen fest bestimmte Fristen, die infolgedessen keine Rücksicht auf die besonderen Umstände des einzelnen Falles gestatten, so daß Härten entstehen können, die dem Rechtsgefühl widersprechen. Ähnliche Härten und Unbilligkeiten können in denjenigen Fällen vorkommen, in welchen die Rechte zeitlich unbeschränkt sind.

---

[2]) Eine ähnliche Regelung kommt erst im römischen Recht vor, bei den sog. actiones vindictam spirantes; s. Sohm-Mitteis-Wenger, Institutionen, S. 617 Anm. 5.

[3]) Vgl. auch E. Reimer, Wettbewerbs- und Warenzeichenrecht, 1933, S. 165.

Diese unbefriedigende gesetzliche Regelung wird noch durch die grundsätzlich auf 30 Jahre festgesetzte Verjährungsfrist und der Möglichkeit einer Verjährungsunterbrechung verschlimmert. Es ist unbillig, nach langer Zeit Schweigens den Schuldner mit einer Klage zu überraschen, und außerdem in den meisten Fällen unmöglich die widerstreitenden Rechte und Pflichten zu bestimmen. Denn die Verpflichteten und Berechtigten sind vielleicht inzwischen gestorben, Beweisurkunden sind nicht mehr vorhanden, Zeugen stehen nicht mehr zur Verfügung usw.

III. Diese ungenügende Regelung, die nicht zu leugnen ist, wird vom Gesetzgeber empfunden. Die neueren Gesetzbücher versuchen durch Herabsetzung der Verjährungsfristen eine Lösung zu geben. So bestimmt das schweizerische Obligationsrecht in Art. 127 zehn Jahre allgemeine Verjährungsfrist. Der griechische Entwurf eines BGB setzt 20 Jahre fest, Art. 138 der allgemeinen Lehren.

Es ist eine dringende Notwendigkeit des wirtschaftlichen Lebens, die geltenden allgemeinen Verjährungsfristen des BGB zu kürzen.[4] Die grundsätzliche 30 jährige Verjährung entspricht nicht mehr dem Tempo des heutigen Lebens. Die Verjährungsfristen sind so lange, daß sie nicht mehr ihren Aufgaben gerecht werden können. Die Rechtssicherheit und der Rechtsfrieden, sowie der Schutz des Einzelnen gegen unbillige Belästigung, welches die Hauptzwecke der Verjährung bilden, werden nicht erreicht.

Aus diesen Gründen vermehren sich die Fälle einer kurzfristigen Verjährung in Sondergesetzen,[5] so daß grundsätzlich keine Einheitlichkeit mehr in der Regelung der Verjährung im Privatrecht besteht.

Diese Einzelregelung, die eine unerfreuliche Erscheinung ist und die die Gefahr des Verlustes von Rechten hervorruft, hat als Grund hauptsächlich die ungenügende Regelung der Verjährung im BGB und ist nicht, wie behauptet werden könnte, durch die Natur der zu regelnden Rechtsverhältnisse zu rechtfertigen. Um die langjährigen Verjährungsfristen des BGB zu vermeiden, hat man sich gezwungen gesehen, Sonderbestimmungen über die Verjährungsfristen in den Sondergesetzen einzuschalten, und da die Länge der Verjährungsfrist, wie alle sonstigen Fristen, nicht ohne Willkür festgesetzt werden kann,[6] ist man zu dem Ergebnis gelangt, ohne Grund eine von Gesetz zu Gesetz verschiedene Regelung der Verjährungsfristen in unserer Rechtsordnung zu fordern.

IV. Wird man aber durch die Herabsetzung der Fristen der Verjährung den Bedürfnissen des Verkehrs gerecht? Es ist anzuerkennen, daß eine Herabsetzung der Verjährungsfristen eine wesentliche Verbesserung des heutigen Zustandes bedeuten würde, und deswegen zu befürworten ist, sie kann aber nur als Teillösung des Problems betrachtet werden.

---

[4]) Vgl. Ehrlich, Die stillschweigende Willenserklärung, 1893, S. 255 f.; de Boor, JW. 1933, S. 2277 IV.

[5]) Vgl. VVG. § 12; GenG. § 99 III; KFG. § 14; UnlWG. § 21; LuftVG. § 25; KostO. § 16.

[6]) Von Tuhr, Allg. Teil Bd. III, S. 509.

Dasjenige, woran die Regelung der zeitlichen Beschränkung der subjektiven Rechte besonders leidet, ist die herrschende Starrheit, die auf die fest bestimmten zeitlichen Grenzen zurückzuführen ist. Dieser Mangel kann als allgemein empfunden angesehen werden.[7]

Die starre Regelung, die durch die Sonderzwecke der Verjährung und der Ausschlußfristen bedingt ist, verhindert eine Rücksichtnahme der besonderen Umstände des einzelnen Falles und schließt so dem Gedanken von Treu und Glauben die Tür. Es wird dadurch ein wichtiges Gebiet unserer Rechtsordnung, nämlich das Gebiet der zeitlichen Schranken der subjektiven Rechte, ohne besondere Gründe der Gestaltung durch den Treu- und Glaubensgedanken entzogen.

Damit wird nicht etwa behauptet, daß die festen Verjährungs- und Ausschlußfristen abgeschafft und durch eine nach Treu und Glauben dem einzelnen Fall angepaßte Einzelregelung ersetzt werden sollen. Die Rechtssicherheit und der Rechtsfrieden verlangen eine endgültige Erledigung der Rechtsgeschäfte, die nur durch starre Fristen möglich ist. Durch eine Herabsetzung der allgemeinen Verjährungsfristen würden die geltenden Vorschriften über die Verjährung den heutigen Bedürfnissen gerecht und dem beschleunigten Tempo unseres Lebens angepaßt werden.

Das Problem ist aber dadurch nicht erschöpft. Die Regelung der zeitlichen Beschränkung der subjektiven Rechte muß von ihrer Starrheit befreit und von Unbilligkeiten und Härten entlastet werden.

Es ist eine Forderung des heutigen Lebens und des Rechtsgefühls, daß die zeitliche Beschränkung der subjektiven Rechte durch den Treu- und Glaubensgedanken beherrscht wird.

Alle subjektiven Rechte, nicht nur die Ansprüche, sollen grundsätzlich einer zeitlichen Beschränkung unterworfen werden, keinem darf es gestattet sein, die Ausübung seines Rechts nach Willkür zu verzögern. Die Ausübung der subjektiven Rechte soll nach Treu und Glauben zeitlich beschränkt und der Willkür entzogen werden.

Den Weg hierzu hat die Rechtsprechung schon längst mittels der Rechtserscheinung betreten, die mit dem Namen Verwirkung bezeichnet wird.

---

[7]) Vgl. Siebert, Verwirkung und Unzulässigkeit der Rechtsausübung, 1934, S. 53; JW. 1937, S. 2496; Senf, JW. 1934, S. 2451; H. Lange, Vom alten zum neuen Schuldrecht, 1934, S. 75; in „Deutsches Recht", 1935, S. 466; H. Stoll, Vertrag und Unrecht, 1936, S. 213 f.

§ 2. Entwicklungsgeschichte des Verwirkungsgedankens.

1. Durchbruch des Verwirkungsgedankens

Ein neuer Gedanke, der, aus der geistigen und wirtschaftlichen Entwicklung herausgewachsen, Anspruch auf Erhebung zum Rechtsgedanken stellt, kommt naturgesetzlich ursprünglich erst in beschränkter Weise in einem einzelnen Punkt des Rechtslebens zur Erscheinung, um dann nach und nach die Stellung in der Rechtsordnung einzunehmen, die ihm die Bedürfnisse, aus denen er herausgewachsen ist, vorbestimmt haben.

Dieser von Ihering genannte historische Durchbruchspunkt[8] des Gedankens, welcher mit dem Wort V e r w i r k u n g im Rechtsleben bezeichnet wird, ist in der Rechtsprechung des Reichsoberhandelsgerichts zu finden und zwar auf dem Gebiet des Selbsthilfeverkaufs. So erkennt das ROHG bei Annahmeverzug des Käufers, daß eine gesetzliche Frist für die Ausübung des nach Art. 354 ff. ADHGB dem Verkäufer zustehenden Wahlrechts sicherlich nicht besteht, daß aber „allein hieraus nicht zu folgen ist, daß es eine zeitliche Grenze für die Ausübung der dem nichtsäumigen Teile wahlweise zustehenden Rechte unter keinen Umständen gebe".[9] Es wird daselbst weiter erkannt, daß eine Grenze der Rechtsausübung durch die Rücksicht auf die bona fides und die Natur der Sache gegeben werden kann.

Dasselbe Gericht bestätigt ein Jahr später die vorige Entscheidung und dehnt den Verwirkungsgedanken auf Erfüllungsansprüche aus einem Kaufvertrag aus.[10]

Der Verwirkungsgedanke wird später auch durch das Reichsgericht in zwei Entscheidungen bestätigt, in welchen es sich um die Ausübung des Rechts zum Selbsthilfeverkauf handelt.[11]

In der ersten Entscheidung (S. 64) wird ausgeführt, daß der Käufer e i n a r g l i s t i g e s, e i n i l l o y a l e s H i n a u s s c h i e b e n des Verkaufs nicht gelten zu lassen braucht.

In der zweiten dieser Entscheidungen wird erkannt, daß das Hinausschieben des Selbsthilfeverkaufs sich als ein arglistiges, illoyales, gegen Treu und Glauben verstoßendes Verhalten darstellt, welches der Käufer nicht gegen sich gelten zu lassen braucht.

Nach den obigen Ausführungen kommen wir zu dem Ergebnis, daß der Gedanke einer zeitlichen Beschränkung der Ausübung der subjektiven Rechte nach Treu und Glauben im Rechtsleben schon am Ende des vorigen Jahrhunderts, wenn auch in wenigen Fällen, vorhanden ist.

---

[8]) Jhering, Geist des römischen Rechts, Bd. II 2, S. 338.

[9]) ROHG. Bd. 20 (1877), S. 336.

[10]) ROHG. Bd. 23 (1878), S. 83 ff. In S. 85 wird ausgeführt: „Es muß aber angenommen werden, daß Kläger sein Recht, Erfüllung zu verlangen, dadurch v e r w i r k t h a t, daß er die Geltendmachung des Anspruchs auf Erfüllung bis zum 1. September 1875 (anderthalb Jahre) hinausgeschoben hat."

[11]) RGZ. Bd. 32 (1894), S. 61 ff.; Bd. 36 (1896), S. 83 ff.

2. *Allgemeine Anerkennung des Verwirkungsgedankens*

I. Nach dem ersten Durchbruch an der Wende des vorigen Jahrhunderts beginnt ein zäher Kampf um die allgemeine Anerkennung des Verwirkungsgedankens. Auch die Gedanken haben um ihre Existenz zu ringen und nicht selten sich jeden Fußbreit Landes mühsam zu erkämpfen.[12]

Diese Wahrheit bestätigt sich vorbildlich in unserem Rechtsleben in der Entwicklung der Verwirkung. Die Durchsetzung dieses Gedankens bietet ein lebendiges, beispielloses Bild des Kampfes eines neuen Rechtsgedankens gegen Überlieferung und geltendes Recht.

Alle Entwicklungsstufen sind deutlich zu erkennen, so widerstreitende Entscheidungen verschiedener Gerichte, gegensätzliche Entscheidungen der verschiedenen Senate des Reichsgerichts, gegensätzliche Entscheidungen desselben Senats, weiter allgemeine Anerkennung des Gedankens, Beschränkung seines Geltungsbereichs auf bestimmte Rechtsgebiete, grundsätzliche Ablehnung. Und dazu unendlicher Streit über die juristische Konstruktion des Gedankens, über seine Voraussetzungen und Rechtsfolgen. Seine Zweckmäßigkeit wird bestritten, die Gefahr der Rechtssicherheit wird eingewendet, Probleme werden erörtert, die nichts mit ihm unmittelbar zu tun haben, er wird mit anderen ähnlichen Gedanken vermischt, verwechselt und endlich als nicht neuer Gedanke dargestellt.

II. Die Punkte und Rechtsgebiete, in denen ein neuer Rechtsgedanke zum Ausdruck kommt, sind diejenigen, in denen die Bedürfnisse des Rechtslebens nach einer neuen Regelung der Interessenkonflikte bzw. nach Erfüllung einer Lücke des Rechts dringlicher sind.[13] Die Bedingungen, die den Rechtsgedanken erzeugt und ihn zum Durchbruch verholfen haben, bahnen ihm den Weg seiner weiteren Entwicklung. Wie seine Entstehung, so ist auch seine Entwicklung durch die Bedürfnisse des Rechtslebens bedingt.

In den oben erwähnten Entscheidungen des Reichsoberhandelsgerichts und des Reichsgerichts handelt es sich um eine zeitliche Beschränkung von Rechten, deren Ausübung gesetzlich nicht befristet war.

Die Bedürfnisse des Rechtslebens nach einer zeitlichen Beschränkung der Rechtsausübung haben den Verwirkungsgedanken erzeugt als Reaktion gegen eine gesetzlich anerkannte Willkür, nämlich das Recht zeitlich nach Belieben auszuüben.

Aus diesem Grunde ist zu erklären, daß der Verwirkungsgedanke (als Reaktion gegen eine willkürliche zeitliche Rechtsausübung) sich erst in Fällen der Ausübung von Kündigungs- und Rücktrittsrechten, die in der Regel zeitlich unbeschränkt sind, durchgesetzt hat. So wird die Ausübung der Rücktrittsrechte aus einer Kriegs-

---

[12]) Jhering, Geist des römischen Rechts, Bd. II 2, S. 338.

[13]) Vgl. Jhering, Geist des römischen Rechts, Bd. II 2, S. 340.

klausel und anderen kassatorischen Klauseln durch die Rechtsprechung zeitlich beschränkt.[14]

Ebenso wird weiter die Ausübung der durch § 326 BGB dem Gläubiger gegen den in Verzug geratenen Schuldner gegebenen Rechte durch die Verwirkung zeitlich beschränkt,[15] sowie auch die Ausübung von Lieferungsansprüchen.[16]

III. Der Verwirkungsgedanke hat in der freien Aufwertung ein außerordentlich günstiges Rechtsgebiet gefunden, welches ihn zur allgemeinen Erörterung gebracht und ihm zur allgemeinen Durchsetzung verholfen hat.

Das durch die Rechtsprechung des Reichsgerichts auf Grund des § 242 BGB anerkannte Recht auf Aufwertung[17] war in seiner zeitlichen Ausübung unbeschränkt. Das Bedürfnis des wirtschaftlichen Lebens allgemein nach einer zeitlichen Beschränkung der Ausübung dieses Rechtes und besonders das Bedürfnis nach einer möglichst schnellen Liquidation der Inflationskonsequenzen[18] waren die zwei Gründe, welche zur allgemeinen Anerkennung der Verwirkung auf dem Gebiet des Aufwertungsrechts geführt haben.

Das Aufwertungsrecht kann als das Rechtsgebiet bezeichnet werden, wo der Verwirkungsgedanke die Entscheidungsschlacht geschlagen und gewonnen hat.

IV. Der Verwirkungsgedanke hat sich schnell weiter verbreitet und hat ein großes Gebiet unserer Rechtsordnung erobert, nämlich das Arbeitsrecht.

Das Bedürfnis nach einer zeitlichen Beschränkung der Ausübung gewisser Rechte auf diesem Gebiet tritt scharf in Erscheinung, hauptsächlich in zwei typischen Fällen, nämlich bei der Geltendmachung des Anspruchs auf tariflichen Arbeitslohn und bei der Ausübung des Rechts auf fristlose Kündigung aus wichtigem Grund. Im ersteren Falle gelten als einzige zeitliche Beschränkung des Tariflohnanspruchs die Verjährungsvorschriften (§ 196 Ziff. 9 — zweijährige Verjährungsfrist), im letzteren gibt es überhaupt keine Beschränkung, so daß die Ausübung dieses Gestaltungsrechts nach Belieben verzögert werden kann.

Die durch eine solche Rechtslage gefährdeten Interessen sind von großer sozialer sowie wirtschaftlicher Bedeutung. Durch eine nachträgliche Geltendmachung des Tariflohnanspruchs, nachdem lange Zeit untertarifliche Vergütung vorbehaltlos angenommen

---

[14]) Vgl. RG. LZ. 1916, Sp. 673 f. Nr. 6 und Sp. 1292 Nr. 5; RGZ. Bd. 88, S. 143 ff. und 261 ff.; RG. LZ. 1917, Sp. 267 f.; RGZ. Bd. 91, S. 57 ff. und 108 f.; RG. JW. 1920, S. 47 f.; RG. Recht 1925, S. 17 f. = JW. 1925, S. 239 f.; RG. JW. 1908, S. 550; RGZ. Bd. 142, S. 268 ff. (Kündigung eines Darlehens).

[15]) RGZ. Bd. 60, S. 346 ff.; RG. Warn. 1919, S. 323 ff.; RG. Seufferts Archiv Bd. 76 (1921) Nr. 75.

[16]) RG. JW. 1929, S. 2143 f.

[17]) Zusammenstellung der Rechtsprechung des Reichsgerichts über die Verwirkung von Aufwertungsansprüchen von Mügel JW. 1930, S. 1042 ff.; ferner RG. DJZ. 1932, Sp. 1353; HRR. 1938, Nr. 140.

[18]) KG. JW. 1932, S. 2449.

wurde, kann das Unternehmen gefährdet werden und mit ihm die wirtschaftliche Existenz des Unternehmers und seiner Arbeiter.

Das Unternehmen wird gefährdet, weil die Produktionskosten nachträglich unerwartet durch die Ausübung der Tariflohnansprüche erhöht werden und die Preise der Ware auf Grund der früheren Kostenberechnung niedrig festgesetzt sind.[19]

Ebenso gerät durch eine willkürliche Verzögerung der Ausübung des Rechtes auf fristlose Kündigung des Arbeitsvertrages der Arbeitnehmer in einen unerträglichen Schwebezustand. Die Unsicherheit, die durch die Verzögerung eintritt, bedeutet eine große Gefährdung seiner wirtschaftlichen Existenz, da er nicht wissen kann, ob er eine neue Stellung suchen soll, ob er sich nach einer Entlassung einzurichten hat.

Aus dieser Rechts- und Sachlage entsteht das dringende Bedürfnis nach einer zeitlichen Beschränkung dieser Rechte. Die Tür zum Arbeitsrecht war dem Verwirkungsgedanken breit geöffnet. Er wurde in kurzer Zeit ein brennender Punkt der Rechtsprechung der Arbeitsgerichte und blieb Sieger auf dem Schlachtfeld. Der Verwirkungsgedanke wird im Arbeitsrecht allgemein anerkannt.

So wird erkannt, daß der Anspruch auf tariflichen Lohn nach Treu und Glauben nicht über bestimmte zeitliche Grenzen hinaus verzögert werden darf.[20]

Ebenso wird das Recht aus § 626 BGB (sowie aus § 70 HGB) auf fristlose Kündigung durch den Verwirkungsgedanken zeitlich beschränkt. Es gilt als verwirkt, wenn der Berechtigte es nicht innerhalb angemessener Frist ausübt.[21]

Der Verwirkungsgedanke ist noch weiter ausgedehnt. So wird angenommen, daß auch die Ausübung des Anspruchs auf Urlaub[22], des Anspruchs auf Vergütung von Überstunden,[23] sowie auch des Anspruchs des Arbeitgebers gegen den Arbeitnehmer auf Schadenersatz[24] nicht ungebührlich verzögert werden darf.

Das Arbeitsrecht erhält durch den Verwirkungsgedanken ein Rechtsinstitut, welches ihm ermöglicht, seinen wichtigen sozialen Aufgaben gerechter zu werden. Durch den Sieg des Verwirkungs-

[19]) Vgl. RAG. Bensh. Samml. Bd. 4, S. 380 = RAGE. Bd. 3, S. 27 f. = HRR. 1929 Nr. 621.

[20]) RAG. Bensh. Samml. Bd. 6 (1929), S. 130 ff.; Bd. 9 (1930), S. 492 ff.; Bd. 14 (1932), S. 405 ff.; RAG. in Arbeitsrecht-Kartei, Verwirkung. Einzelfälle 1, 4, 14; RAG. JW. 1936, S. 2107.

[21]) RAG. Bensh. Samml. Bd. 4 (1929), S. 161 ff.; Bd. 9 (1930), S. 390 ff.; Bd. 12 (1931), S. 101 ff.; Bd. 13 (1932), S. 453 ff.; RAG. JW. 1933, S. 2081[2]; RG. in Arbeitsrecht-Kartei, Verwirkung. Einzelfälle 3; RGZ. Bd. 122, S. 38 ff.; Bd. 123, S. 219; RG. Recht 1928, Nr. 2255, S. 584; Düringer-Hachenburg-Hoeniger, HGB. Bd. 1 Anm. 7 zu § 70, S. 589.

[22]) RAG. Bensh. Samml. Bd. 12 (1931), S. 382 ff. Vgl. auch LAG. Frankfurt a. O. Bensh. Samml. Bd. 3, S. 175 f. mit Anm. von Hueck.

[23]) RAG. Bensh. Samml. Bd. 3 (1928), S. 58 ff. = RAGE. Bd. 2, S. 41 ff.

[24]) RAGE. Bd. 10 (1932), S. 354 ff. = DJZ. 1932, S. 870; RAG. Bensh. Samml. Bd. 15 (1932), S. 41 ff. Vgl. auch Dänzer-Vanotti, DJZ. 1935, Sp. 1083; R. Franke, JW. 1937, S. 1122; ArbG. Frankfurt a. M. Arbeitsrecht-Kartei, Verwirkung. Einzelfälle 2.

gedankens auf dem Gebiet des Arbeitsrechts werden die Interessenkonflikte im Arbeitsleben einer billigeren Regelung unterzogen.

V. Der Weg des Verwirkungsgedankens zur allgemeinen rechtlichen Anerkennung führt über das Gebiet eines wichtigen Teils unseres Rechts- und Wirtschaftslebens, nämlich über den gewerblichen Rechtsschutz.

Das Bedürfnis nach einer zeitlichen Beschränkung der Ausübung gewisser Rechte, welches den Verwirkungsgedanken hervorgerufen hat, besteht auch hier. Wichtige Interessenkonflikte, die aus der Möglichkeit einer zeitlich unbeschränkten Rechtsausübung entstehen, verlangen dringlichst eine billige Regelung.

Der Verwirkungsgedanke fand auch in diesem Rechtsgebiet die nötigen Voraussetzungen, die seine Durchsetzung bedingen. In raschem Gang wurde er auch hier anerkannt und allgemein gebilligt.

So wurde im Wettbewerbs- und Warenzeichenrecht anerkannt, daß die Rechte, die aus einem unlauteren Wettbewerb bzw. aus einer Zeichenverletzung entstehen, grundsätzlich in ihrer Ausübung zeitlich durch den Verwirkungsgedanken beschränkt sind.[25]

Die Ansprüche auf Unterlassung, die das Warenzeichengesetz (1936) dem verletzten Zeicheninhaber gewährt, unterliegen in ihrer Geltendmachung keiner zeitlichen Beschränkung. Die allgemeinen Vorschriften über die Verjährung sind nur in bezug auf den Schadenersatzanspruch von Bedeutung, sie sind aber praktisch wirkungslos gegenüber dem Unterlassungsanspruch aus dem Grund, weil die Verjährungsfrist mit der Aufhörung der Verletzung beginnt.

Dasselbe sollte auch im Bereich des Gesetzes gegen den unlauteren Wettbewerb gelten, trotzdem letzteres die Unterlassungs- und Schadenersatzansprüche gegen den unlauteren Wettbewerber besonderer Verjährungsfristen unterwirft (§ 21 UnlWG).

Der Verwirkungsgedanke wurde weiter auf das Urheber-[26] und Patentrecht[27] ausgedehnt und setzte der Ausübung der durch diese Sondergesetze wegen Rechtsverletzung gewährten Rechte eine zeitliche Schranke.

Die Verjährungsvorschriften des Gesetzes, betreffend das Urheberrecht an Werken der Literatur und der Tonkunst (LitUrhG §§ 50 ff.) sind von geringer praktischer Bedeutung, da die Verjährungsfristen des Anspruchs auf Unterlassung der Verletzung, sowie die Verjährungsfrist des Anspruchs auf Schadenersatz, wie auch

---

[25]) RG. JW. 1925, S. 2453 = RGZ. Bd. 111, S. 192 (Goldina Entsch.); MuW. 1926/27, S. 2555 ff. (Batschari-Krone Entsch.); GRUR. 1929, S. 493 f. (Gazella Entsch.); GRUR. 1930, S. 537 ff. = JW. 1930, S. 1694; MuW. 1930, S. 559 f. (Gargoyle Entsch.); JW. 1931, S. 406 f.; MuW. 1931, S. 495 ff. (Feldberger Entsch.); GRUR. 1932, S. 300 ff. (Alfa-Alba Entsch.); JW. 1933, S. 1396 ff. (Victoria Entsch.); GRUR. 1937, S. 153 ff. = MuW. 1937, S. 110 ff.; GRUR. 1937, S. 1013 ff. = MuW. 1937, S. 409 ff.

[26]) RG. JW. 1931, S. 430 ff.; RGZ. Bd. 144 (1934), S. 106 ff.

[27]) RG. MuW. 1930, S. 371 ff.; RG. JW. 1933, S. 1647 ff. mit Anm. von Kisch.

beim Wettbewerb- und Warenzeichenrecht praktisch mit der endgültigen Unterlassung der Verletzung beginnen.

Diese Erwägungen gelten auch für die durch das Patentgesetz dem Patentinhaber gewährten Ansprüche auf Unterlassung und Schadenersatz wegen Verletzung seines Patentrechts (§ 47), die auch besonderen Verjährungsfristen (§ 48 PatG) unterliegen.

Aus dieser Rechts- und Sachlage im gewerblichen Rechtsschutz entsteht das Bedürfnis nach einer zeitlichen Beschränkung der Rechtsausübung und damit die Voraussetzung für die Anerkennung und Durchsetzung des Verwirkungsgedankens.

VI. Der Verwirkungsgedanke hat sich nicht auf das Privatrecht beschränkt. Darüber hinaus ist er in das öffentliche Recht übergegangen und ringt um die allgemeine Anerkennung im öffentlichen Leben.

Das Bedürfnis nach einer zeitlichen Beschränkung der Ausübung gewisser Rechte des öffentlichen Rechts, hat verschiedene Gerichte zur Anerkennung des Verwirkungsgedankens im öffentlichen Recht veranlaßt.[28]

Es ist schwerlich zu begründen, daß der Staat, sowie die juristischen Personen des öffentlichen Rechts, die Ausübung ihrer öffentlich-rechtlichen Ansprüche nach Belieben gegen Treu und Glauben verzögern dürfen. Im Gegenteil, es bestehen wichtige Gründe dafür, daß der Staat (und die juristischen Personen des öffentlichen Rechts) ein erheblich höheres Maß von Sorgfalt bei der Verfolgung seiner Ansprüche aufwenden muß als eine Privatperson, so z. B. weil er über fachlich geschulte Beamte, über eine Organisation usw. verfügt.[29]

Der Kampf des Verwirkungsgedankens um die Eroberung des öffentlichen Rechts ist noch in vollem Gange. Das Bedürfnis nach

---

[28]) Für die Anerkennung im öffentlichen Recht vgl. RWiG. DJZ. 1932, Sp. 740; DJZ. 1931, Sp. 1390; Preußisches Oberverwaltungsgericht DJZ. 1931, Sp. 774 f.; Sächsisches Oberverwaltungsgericht JW. 1936, S. 766 f. (Verwirkung im Steuerrecht.); Siebert, Verwirkung usw. S. 243 ff.; vgl. auch RGRätekom. 1934, Bd. 1, Vorbem. vor § 194 S. 320; M. Hamburger, LZ. 1931, Sp. 491 und 1445; G. Küchenhoff, RuPrVerwBl. Bd. 51, S. 275 ff.; RG. JW. 1931, S. 736 (mit zustimmender Anmerkung von Hamburger); A. Schüle, Verwaltungsarchiv, Bd. 39 (1934), S. 32 ff.

Gegen die Anerkennung der Verwirkung im Steuerrecht vgl. RFH. Bd. 38 (1936), S. 77 f. und RFH. ZAkDR. 1937, S. 474. Vgl. auch A. Pütz, JW. 1937, S. 910 f. (auf Grund einer unrichtigen Auffassung der Verwirkung), der die Verwirkung für das Verwaltungsrecht anerkennt. Für die Anerkennung vgl. G. W. Heinemann, RuPrVerwBl. Bd. 51 (1930), S. 672; F. Giese, Rechtsspiegel im Prozeßrecht mann, RuPrVerwBl. Bd. 51 (1930), S. 672; F. Giese, Rechtsspiegel der Wirtschaft, Bd. 1937, S. 490 ff.

Gegen die Verwirkung von öffentlichrechtlichen Gehaltsansprüchen gegenüber dem Staat und sonstigen öffentlichrechtlichen Körperschaften vgl. RGZ. Bd. 124, S. 232; RG. JW. 1932, S. 492; RG. JW. 1929, S. 2335 (Aufwertungsrecht).

Über die Verwirkung im Prozeßrecht vgl. OLG. Naumburg, JW. 1930, S. 3866 f.; RG. DJZ. 1929, Sp. 1615 (Konkursrecht); OLG. Dresden, DRZRspr. 1932, S. 666 f. (Vergleichsordnung).

[29]) Vgl. RWiG. DJZ. 1932, Sp. 740.

einer zeitlichen Beschränkung der Rechtsausübung im öffentlichen Recht ist nicht zu leugnen. Die Voraussetzung für die Anerkennung der Verwirkung ist also gegeben, und es gibt keinen Grund, die Verwirkung im öffentlichen Recht abzulehnen. Die Entwicklung weist unzweideutig die Richtung nach grundsätzlicher Anerkennung auf.

VII. Aus den obigen Erörterungen tritt hervor, daß der Verwirkungsgedanke wenigstens im Privatrecht allgemeine Anerkennung gefunden hat und nunmehr einen wichtigen Teil unserer Rechtsordnung bildet.[30]

Der Verwirkungsgedanke hatte in seiner Entwicklungsgeschichte, wie grundsätzlich jeder andere Gedanke, nicht nur um seine grundsätzliche Anerkennung zu ringen, sondern auch seine allgemeine Geltung in der Rechtsordnung zu erkämpfen.[31] Dieser Kampf kann nunmehr im Privatrecht als abgeschlossen betrachtet werden.

Als Vorkämpfer einer Beschränkung des Verwirkungsgedankens auf bestimmte Sondergebiete des allgemeinen bürgerlichen Rechts darf der 7. Zivilsenat des Reichsgerichts bezeichnet werden. In seiner Entscheidung vom 17. April 1934, RGZ Bd. 144, S. 22 ff. behauptet dieser Senat auf Grund allgemeiner Gedanken, daß einer Verallgemeinerung der Verwirkungsgrundsätze über die Sondergebiete des Aufwertungsrechts, des gewerblichen Rechtsschutzes und des Arbeitsrechts scharf entgegen zu treten ist. Er führt aus, daß in der jetzigen Zeit, wo der nationalsozialistische Staat nach möglichster Befestigung der wirtschaftlichen Verhältnisse strebt, ein Rechtsgedanke zurückgedrängt werden muß, der geeignet ist, große Unsicherheit in die Rechtsbeziehungen hineinzutragen.

Diese Begründung ist nicht überzeugend. Es ist ungerechtfertigt, einen Rechtsgedanken aus dem Grunde ablehnen oder in seinem Geltungsbereich beschränken zu wollen, weil er in seiner ersten Erscheinung im Rechtsleben eine gewisse Rechtsunsicherheit mit sich hinbringt. Denn es ist ein unbestreitbares Gesetz, daß jede Erneuerung eine bestimmte kürzere oder längere Zeitlang von Ungewißheit und Rechtsunsicherheit begleitet wird.

Der Entscheidung des 7. Zivilsenats hat sich der 5. Zivilsenat des Reichsgerichts durch seine Erkenntnis vom 27. November 1935, RGZ Bd. 149, S. 348 ff. angeschlossen. Der 7. Zivilsenat des Reichsgerichts hat an seiner Meinung weiter festgehalten und sie durch eine neuere Entscheidung vom 10. November 1936, JW 1937, S. 610 ff. ohne Begründung bestätigt.[32]

---

30) Vgl. auch Daffis, GRUR. 1931, S. 813; Ruth, JW. 1935, S. 227 (Anm.); H. Lehmann, JW. 1936, S. 2193: „Die Verwirkung können wir aus unserem Rechtsleben nicht mehr wegdenken." Ferner RAG. JW. 1936, S. 2255.

31) Vgl. Jhering, Geist. Bd. II 2, S. 339: „Ihr Anspruch (der Gedanken) auf Allgemeinheit und damit die Inkonsequenz, deren man sich durch ihre Beschränkung auf ein einzelnes Verhältnis schuldig macht, kann sich auf die Dauer der Wahrnehmung nicht entziehen . . . Darum kommt auch für jene Gedanken unausbleiblich die Zeit, wo man fragt: warum gelten sie bloß hier . . ." Vgl. auch S. 343.

32) Siehe Kritik dieser Entscheidung von Siebert JW. 1937, S. 612 f.

Gegen die Meinung des vorerwähnten Zivilsenats hat sich der 2. Zivilsenat des Reichsgerichts in seinen Erkenntnissen JW 1935, S. 1841 und S. 2490 f. sowie Vertreter der Wissenschaft[33] gewandt.

Der Streit über den Geltungsbereich des Verwirkungsgedankens im Privatrecht soll durch die Entscheidung des 7. Zivilsenats desselben Gerichts vom 4. Juni 1937 in RGZ Bd. 155, S. 148 ff = JW 1937, S. 2266 f. als abgeschlossen betrachtet werden, wodurch der Senat seine frühere Meinung aufgibt und mittelbar für die allgemeine Geltung der Verwirkung im Privatrecht eintritt.[34]

Die Frage, ob die Verwirkung im privaten oder auch im öffentlichen Recht, ob sie ferner innerhalb des Privatrechts allgemein oder nur innerhalb bestimmter Sondergebiete gelten soll, hängt m. E. hauptsächlich davon ab, wie man die Verwirkung dogmatisch auffaßt.

Das Rechtsleben und der empirische Rechtsstoff, welches uns für den dogmatischen Aufbau der Verwirkung gegeben ist, sprechen m. E. für eine grundsätzliche allgemeine Geltung der Verwirkung in unserer Rechtsordnung.[35]

VIII. Am Schluß unserer Ausführungen über die Entwicklungsgeschichte der Verwirkung wäre noch zu erwähnen, daß es auch an Leugnern der Verwirkung und des durch sie vertretenen Gedankens nicht gefehlt hat.[36]

Die Leugnung der Verwirkung ist auf eine nicht richtige dogmatische Auffassung dieser Rechtserscheinung zurückzuführen.

Neuerdings äußert sich Megow gegen die Verwirkung aus Gründen, die nicht zu billigen sind.[37] Megow stützt seine ablehnende Meinung darauf, daß durch die Verwirkung die Verjährung ihres „hauptsächlichen Charakters“ entkleidet würde.

Auch diese Meinung, welche die besonderen Aufgaben der Verwirkung verkennt, ist auf eine unrichtige Auffassung des Begriffs der Verwirkung zurückzuführen. Verwirkung und Verjährung sind streng zu unterscheiden. Sie sind aus verschiedenen Gedanken herausgewachsen und verfolgen verschiedene Zwecke.[38]

---

33) Siebert a.a.O.

34) Vgl. auch Urteil desselben Senats RGZ. Bd. 153, S. 356 ff.

35) Über die Anerkennung der Verwirkung im Genossenschaftsrecht vgl. RGZ. Bd. 129, S. 49 (Verwirkung des Rechtes auf Ausschließung eines Genossen); LG. Berlin JW. 1933, S. 1040 f. (Verwirkung des Anspruchs der Genossenschaft auf Einzahlung des Geschäftsanteils). Dagegen Citron ebenda in Anmerkung. Vgl. auch Ruth, JW. 1934, S. 2869 f. (Anm. zu OLG. Köln); JW. 1934, S. 2110; JW. 1935, S. 228 (Anm. zu OLG. Köln).

36) Vgl. Nolting-Hauff, GRUR. 1932, S. 1088 ff. (Verwirkungs-Dämmerung, Verwirkungs-Inflation); H. Cahn, KonkTrW. 1933, S. 20 f. (Verwirkungsepidemie); Schumann, GRUR. 1933, S. 81 ff. (unter dem Titel „Der Zusammenbruch der Verwirkungslehre“) Vgl. weiter Best, JW. 1932, S. 1801 ff.; L. Richter, JW. 1934, S. 1016 (gegen die Verwirkung tariflicher Ansprüche); LG. Berlin JW. 1934, S. 2643.

37) ZAkDR. 1937, S. 474 (Anm.).

38) Die Verwirkung des Tariflohnanspruchs verneint auf Grund des Gesetzes zur Ordnung der nationalen Arbeit H. Dersch, Das Gesetz zur Ordnung der nationalen Arbeit, 1934, Kommentar, S. 191 und 213. Ablehnend auch W. Herschel, Deutsches Arbeitsrecht, Bd. 1936, S. 189 f.; Soziale Praxis, Bd. 1937,

Gegen die Leugnung der Verwirkung spricht das Rechtsleben in den zahllosen Entscheidungen der Gerichte, die die Verwirkung anerkennen. Leugnung der Verwirkung bedeutet Verneinung der Wirklichkeit.

IX. Die geschichtliche Entwicklung der Verwirkung auf den verschiedenen Rechtsgebieten bis zu ihrer allgemeinen Anerkennung in unserer Rechtsordnung könnte man zusammenfassend wie folgend darstellen.

Die Verwirkung ist zuerst auf dem Gebiete des Handelsrechts (Recht auf Selbsthilfeverkauf) in Erscheinung getreten, dann später beim Kündigungsrecht aus wichtigem Grund, um bei der Anwendung der Freizeichnungsklauseln, die durch den Ausbruch des Weltkrieges praktisch wurden, eine allgemeinere, wenn auch noch nicht ganz bewußte Geltung zu finden.

Nach dem Weltkrieg erobert die Verwirkung das Aufwertungsrecht, welches aus der Inflation entstanden ist, und lenkt damit die allgemeine Aufmerksamkeit auf sich.

Sie geht dann auf das Arbeitsrecht, das Gebiet des gewerblichen Rechtsschutzes und das öffentliche Recht über.

Unmittelbar darauf folgt auf dem Gebiet des Privatrechts die Anerkennung der Verwirkung als ein allgemeines Rechtsinstitut unserer Rechtsordnung. Allerdings kann der Kampf um ihre allgemeine Anerkennung im öffentlichen Recht noch nicht als abgeschlossen gelten.

§ 3. Das Problem.

I. Das Problem der Verwirkung, welches das Rechtsleben der wissenschaftlichen Bearbeitung bietet, können wir wie folgend formulieren. Die Ausübung eines Rechts ist im einzelnen Falle unter besonderen Umständen nicht zu dulden, wenn die durch Treu und Glauben für die Ausübung des Rechtes bestimmte Zeit abgelaufen ist.

Aus den Entstehungsgründen des Verwirkungsgedankens ist zu entnehmen, daß die durch ihn hervorgerufene Rechtserscheinung, nämlich die Verwirkung, von der Verjährung, den Ausschlußfristen und den gesetzlichen Verwirkungsfällen,[30] sowie von den Verwirkungsklauseln scharf zu unterscheiden ist.

II. Der Verwirkungsgedanke ist aus dem Konflikt von wichtigen Interessen entstanden, deren Ausgleich eine Forderung von Treu und Glauben und der guten Sitten sowie des Rechtsgefühls ist.

Sp. 780; dagegen Dänger-Vanotti, Soziale Praxis, Bd. 1937, Sp. 1138 ff. Vgl. auch Grußendorf, Deutsche Justiz, Bd. 1936, S. 119; Siebert, JW. 1934, S. 2652 (Anm.).

[30]) Vgl. die von Krückmann in ZHR. Bd. 104 (1937), S. 106 ff. aufgezählten Fälle gesetzlicher Verwirkung. Über den vielfachen Gebrauch des Wortes Verwirkung zur Bezeichnung verschiedenartiger Begriffe vgl. Krause, Schweigen im Rechtsverkehr, 1933, S. 166 ff. Über den besonderen Begriff der „verwaltungsrechtlichen Verwirkung" vgl. Huber, ZAkDR. 1937, S. 366 ff.

Das Interesse des Schuldners, des Verpflichteten, an einer zeitlichen Beschränkung der Ausübung des Rechts seitens des Gläubigers, des Berechtigten, steht dem Interesse des Letzteren an einer zeitlich unbeschränkten Ausübung seines Rechts entgegen.

Es entspricht nicht mehr dem Rechtsgefühl, dem Gläubiger Freiheit in der zeitlichen Ausübung seiner Rechte zuzuerkennen und zu gestatten, daß er nach Belieben grundsätzlich bis zu 30 Jahren die Ausübung seiner Rechte ohne Rücksicht auf die Interessen seines Schuldners verzögert.

Außerdem verlangt das Interesse der Allgemeinheit grundsätzlich, daß die Geltendmachung der durch sie verliehenen Befugnisse, d. h. der Rechte, nicht verzögert werden und so zur Vernichtung wirtschaftliche Werte oder zur Schädigung des Schuldners führen darf.

Diesem Interesse der Allgemeinheit steht aber ein anderes hohes Interesse, nämlich die Rechtssicherheit entgegen. Es muß grundsätzlich feststehen, wie lange der Gläubiger die Ausübung seines Rechtes hinausschieben darf. Unerträglich wäre es und die Rechtssicherheit gefährdend, dem Schuldner die Befugnis zu erteilen, dem Gläubiger nach Belieben entgegenhalten zu können, die Rechtsausübung sei unzulässig, da sie ungebührlich verzögert würde. Es wäre dies kaum von der Verneinung der subjektiven Rechte zu unterscheiden.

Einen Ausgleich dieser kollidierenden Interessen der einzelnen Personen (Verpflichteten — Berechtigten) und der Allgemeinheit (Billigkeit — Rechtssicherheit) versucht das Rechtsleben durch den Verwirkungsgedanken zu schaffen.

III. Durch die obigen Erörterungen wird auch die Frage nach der Existenzberechtigung der Verwirkung beantwortet.

Der Verwirkungsgedanke bildet eine wichtige Erscheinung unserer neuesten Rechtsentwicklung, ein unentbehrliches Mittel von Interessenabwägung und von billigem Ausgleich von Interessenkonflikten.

Die Verwirkung führt in die Regelung der Rechtswirkungen des Zeitablaufs den Gedanken von Treu und Glauben ein und verhilft zur Aufhebung von Härten, die eine starre gesetzliche Regelung mit sich führt. Diese Funktionen der Verwirkung werden durch kein anderes anerkanntes Rechtsinstitut erfüllt.

§ 4. Die sogenannte Verwirkung in der Rechtswissenschaft.

I. Die dogmatische Begründung der Verwirkung ist ein äußerst umstrittenes wissenschaftliches Problem. Die Theorie hat sich damit wiederholt befaßt, die Meinungsverschiedenheiten aber wurden keineswegs beseitigt oder wenigstens beschränkt. Die herrschende Verwirrung in dem begrifflichen Aufbau der Verwirkung und infolgedessen in allen von ihm abhängigen Fragen ist so groß, daß es nicht als Übertreibung bezeichnet werden kann, wenn Manigk von einer Bankerotterklärung der Wissenschaft auf diesem Gebiet spricht.[40]

Man könnte vielleicht mit Recht behaupten, daß ein Grund dieses Mißstandes die Tatsache ist, daß über die Verwirkung in verhältnismäßig kurzer Zeit zu viel geschrieben wurde, was aber damit zu rechtfertigen ist, daß der aufbrechende Gedanke von großer Bedeutung für das praktische Leben ist.

Ein zweiter wichtiger Grund der Verwirrung in der wissenschaftlichen Behandlung des Verwirkungsproblems ist darin zu finden, daß das Problem nicht in seiner Allgemeinheit betrachtet und behandelt, sondern vielfach als Erscheinung eines Sondergebietes unseres Rechtes und der dort herrschenden besonderen Umstände untersucht wurde. Die Einheitlichkeit des neuen Gedankens auf allen Gebieten des Rechtslebens wurde nicht berücksichtigt, was zu einseitigen und infolgedessen mangelhaften Auffassungen der Verwirkung geführt hat.

II. Die Hauptaufgabe der wissenschaftlichen Behandlung eines durch das Leben entstandenen Rechtsproblems ist die Untersuchung und Feststellung des Grundgedankens, den das Leben (seine Bedürfnisse und Zwecke) durch die Einzelerscheinungen in der Rechtsprechung zur Erscheinung bringt. Mit anderen Worten, es gilt, den Grundgedanken, der in dem empirischen Rechtsmaterial in Erscheinung tritt, zu finden und ihn klarzustellen. Dieser Gedanke ist die Grundlage, worauf der rechtliche Begriff aufzubauen ist. Die einzelnen Fälle sind Punkte eines Prinzips, welches um seine Anerkennung im Rechtsleben kämpft; sie sind Ausbruchsversuche des neuen Gedankens.

Unter Berücksichtigung aller einzelner Verwirkungserscheinungen, die in dem geschichtlichen Teil dieser Abhandlung erörtert sind, kommen wir zu der Erkenntnis, daß die Verwirkung aus dem Gedanken herausgewachsen ist, daß die Ausübung der subjektiven Rechte zeitlich beschränkt werden soll.

Dieser Gedanke, der als der erzeugende, begründende Gedanke der Verwirkung bezeichnet werden kann, und der induktiv aus dem praktischen Leben durch Untersuchung des Rechtsmaterials über die Verwirkung und durch Erforschung der in ihm vorkommenden Interessenkonflikte gewonnen wurde, bildet nicht nur die Grundlage unseres später zu unternehmenden Begriffsaufbaus der Verwirkung, sondern gibt uns auch das Kriterium für eine gerechte Beurteilung der schon in der Wissenschaft unternommenen Begriffskonstruktionen der Verwirkung.

III. Die in der Wissenschaft vorkommenden Konstruktionsversuche der Verwirkung weichen voneinander so bedeutend ab, daß eine Unterscheidung nach Gruppen auf Grund gemeinsamer Merkmale, wenn überhaupt möglich, nicht von Bedeutung sein kann.

---

[40]) Manigk, DJZ. 1936, Sp. 350.

Eine ganz allgemeine Unterscheidung der verschiedenen Auffassungen der Verwirkung, die aber geringe praktische Bedeutung aufweist, ist in bezug auf ihre Rechtsgrundlage denkbar. So können wir die Auffassungen, die die Verwirkung unmittelbar auf das Gesetz stützen, von derjenigen unterscheiden, die als Rechtsgrundlage der Verwirkung die private Willenserklärung annimmt, d. h. die Verwirkung als Rechtsgeschäft (Verzicht) betrachtet.

Die Mannigfaltigkeit der Konstruktionen der Verwirkung ist damit zu erklären, daß eine neue, in der Entwicklung begriffene Rechtserscheinung verhältnismäßig uneingeschränkte Freiheit einer Begriffsbildung bietet, da noch nichts Festes über sie vorhanden ist. So wird die neue Rechtserscheinung mit anderen schon in der Rechtsordnung anerkannten Rechtsinstituten identifiziert, sie wird von verschiedenen Standpunkten betrachtet und untersucht, verschiedene Tatbestandsmerkmale werden herausgehoben und betont usw.[41]

Keine von allen schon vorhandenen Begriffskonstruktionen der Verwirkung kann als die herrschende betrachtet werden. Die Rechtsprechung ist schwankend und unentschieden und hat für keine entschieden Stellung genommen.

Der Begriff der Verwirkung ist also ein ungelöstes Rechtsproblem, welches auf seine Lösung durch die Wissenschaft wartet. Diese Tatsache berechtigt uns, den Versuch seiner Lösung zu unternehmen.

Die Verwirkung als Rechtsgeschäft.

§ 5. Die Verwirkung als stillschweigender Verzicht.

I. Die Verwirkung wurde in ihrer geschichtlichen Entwicklung mit dem Verzicht identifiziert bzw. verwechselt.[42]

Die Verwirkung wird nach dieser Meinung als eine stillschweigende Willenserklärung aufgefaßt, womit der Rechtsinhaber seinen Willen, auf sein Recht zu verzichten, zum Ausdruck bringt. Sie ist innerhalb der Grenzen des Schuldrechts als ein Erlaßvertrag (§ 397 BGB) zu konstruieren, welcher stillschweigend abgeschlossen wird, nämlich durch stillschweigende Verzichtserklärung und durch Annahme ohne Erklärung gegenüber dem Verzichtenden auf Grund des § 151 BGB.

---

[41]) Über die logische Möglichkeit mehrfacher Begriffsbestimmung vgl. Heck, Begriffsbildung und Interessenjurisprudenz, 1932, S. 193 ff.

[42]) RGZ. Bd. 107 (1924), S. 108; Bd. 110, S. 133; RGZ. Bd. 118 (1928), S. 375 (377); RAG. BenshSamml. Bd. 2, S. 86 f.; RAG. JW. 1928, S. 1464 f. = RAGE. Bd. 1, S. 222 ff. = BenshSamml. Bd. 2, S. 141 ff. mit Anm. von Hueck. Vgl. auch Siebert, Verwirkung und Unzulässigkeit der Rechtsausübung, 1934, S. 4 Anm. 11.

Diese Auffassung wurde allgemein abgelehnt.[43]

Neuerdings wurde sie wieder von Manigk vertreten und verteidigt.[44]

Manigk versucht seine Auffassung damit zu begründen, daß eine Willenserklärung auch in denjenigen Fällen angenommen werden muß, in welchen ohne Erklärungsbewußtsein nach Treu und Glauben eine Erklärungshandlung vorliegt.[45] Er knüpft das Problem der Verwirkung an das der stillschweigenden Willenserklärung an.[46]

II. Die Verzichtstheorie, die die Verwirkung als Rechtsgeschäft auffaßt, bedeutet grundsätzlich eine Leugnung des Verwirkungsgedankens und der Verwirkung als einer selbständigen Rechtserscheinung. Denn die Verwirkung ist nach ihr nichts anderes, als ein Rechtsgeschäft bzw. ein Erlaßvertrag. Es ist also überflüssig, irreführend von Verwirkung zu sprechen, da wo nur ein Verzicht vorliegt.

Gegen die Auffassung der Verwirkung als Verzicht ist folgendes einzuwenden:[47]

1. Sie leugnet den Verwirkungsgedanken, der aus dem Bedürfnis nach einer zeitlichen Beschränkung der Rechtsausübung herausgewachsen ist, und infolgedessen läßt dieses Bedürfnis des Rechtslebens grundsätzlich unbefriedigt.

2. Sie wird den durch die Verwirkung verfolgten besonderen Zwecken nicht gerecht. Die Verwirkung bezweckt einerseits, den Schuldner gegen die Rücksichtslosigkeit des Gläubigers bei der Rechtsausübung durch eine nach Treu und Glauben zeitliche Beschränkung der Rechtsausübung zu schützen, andererseits, die Vernichtung von wirtschaftlichen Werten für das Gemeinwohl zu verhindern.

Die Auffassung der Verwirkung als Verzicht, als Rechtsgeschäft, gestattet dem Verzichtenden die Anfechtung seiner Willenserklärung wegen Irrtums nach § 119 BGB, womit die Zwecke der Verwirkung vereitelt werden. So z. B. könnte der Arbeitnehmer seine „Verzichtserklärung" anfechten und seinen Lohnanspruch nunmehr geltend machen. Ebenso könnte der Aufwertungsberechtigte nach Anfechtung seines Verzichts seinen Aufwertungsanspruch gegen den Schuld-

---

43) Vgl. RGZ. Bd. 134 (1932), S. 270 = JW. 1932, S. 718; LG. Berlin, JW. 1933, S. 1040. S. auch Hoeniger, DJZ. 1922, Sp. 143 ff.; Siebert, a.a.O.

44) DJZ. 1936, Sp. 350 ff. Gegen Manigk vgl. H. Lehmann, JW. 1936, S. 2196 f.

45) Manigk, a.a.O., Sp. 357 ff.

46) Die Verwirkung könnte auch als eine fingierte Willenserklärung aufgefaßt werden. Letztere liegt vor, wenn auf Grund einer Rechtsnorm einem bestimmten Verhalten die Kraft einer Willenserklärung beigelegt wird, wo tatsächlich eine solche nicht vorhanden ist. Die Rechtsnorm wäre hier die Generalklausel des § 242 BGB.

Über die fingierte Willenserklärung vgl. Savigny, System des römischen Rechts, Bd. 3 § 133; von Tuhr, Allg. Teil, Bd. II § 61, S. 422 ff.

47) Vgl. auch Riezler, Venire contra factum proprium, 1912, S. 146 und 159; H. Lehmann, ZfHR. Bd. 79 (1916), S. 57 ff. (85 ff.); Küchenhoff, DJZ. 1930, Sp. 1196; Krause, Schweigen im Rechtsverkehr, S. 160 ff.; Siebert, a.a.O., S. 185 ff.

ner durchsetzen. § 122 BGB kann keine Abhilfe gegen diese Mißstände schaffen.

3. Sie nimmt eine Willenserklärung in solchen Fällen an, wo der für stillschweigende Willenserklärungen geltende Grundsatz, wonach jedermann sich gefallen lassen muß, daß sein Verhalten vom andern Teil so beurteilt wird, wie es nach Treu und Glauben mit Rücksicht auf die Verkehrssitte zu deuten ist,[48] eine solche nicht zu begründen vermag.[49] Denn es kann grundsätzlich nicht mit Recht behauptet werden, daß das Schweigen z. B. des Arbeitnehmers oder des verletzten Zeicheninhabers nach Treu und Glauben als eine Verzichtserklärung von der Gegenpartei zu deuten ist.

4. Die Verzichtstheorie faßt die Verwirkung als eine Willenserklärung auf. Es ist aber aus den Verwirkungstatbeständen zu entnehmen, daß eine Willenserklärung kein notwendiges Begriffselement der Verwirkung ist.[50]

III. Die Auffassung der Verwirkung als Verzicht, als stillschweigende Willenserklärung, entspricht nicht dem Verwirkungsgedanken und wird den Zwecken der Verwirkung nicht gerecht.

Aus diesen Gründen ist zu erklären, daß diese Auffassung in der Rechtsprechung sowie in der Wissenschaft so wenig Aufnahme gefunden hat.[51]

Die Verzichtstheorie vermag nicht den vom Leben gegebenen Tatbeständen die rechtliche Form zu gewähren, welche dem durch sie zum Ausdruck kommenden Rechtsgedanken entspricht. Sie ist also abzulehnen.

Die Verwirkung kraft Gesetzes.

§ 6. Die Verwirkung als Verschweigung.

I. Die Verwirkung wurde in ihrer geschichtlichen Entwicklung als Verschweigung aufgefaßt. Es wurde vielfach der Versuch unternommen, die Verwirkung durch dieses Rechtsinstitut des älteren deutschen Rechts zu erklären und zu begründen.

Diese Meinung ist zuerst von Endemann[52] vertreten worden und wurde später von Ulmer[53] auf das Gebiet des Warenzeichens- und Wettbewerbsrechts ausgedehnt.

---

48) Vgl. RGZ. Bd. 126, S. 351.

49) Vgl. auch Lobe, MuW. 1932, S. 433. 1.

50) Vgl. auch E. Riezler, a.a.O., S. 146 u. 160.

51) Enneccerus-Nipperdey, S. 697 Anm. 12, spricht von der Verwirkung, die nicht auf eine Willenserklärung zu stützen ist, als von einem gegenüber dem fiktiven, stillschweigenden Verzicht dogmatischen und praktischen Fortschritt.

52) HWRechtsW. Bd. VI, S. 643 ff.; DJZ. 1928, Sp. 692 ff.

53) Warenzeichen und unlauterer Wettbewerb, 1929, S. 76 ff. Vgl. auch Eckhardt, ArchCivPr., Bd. 134, S. 112 ff.

Als neuere Vertreter dieser Auffassung der Verwirkung sind H. Krause[54] und Klausing[55] zu bezeichnen.

Krause, dem Ruth sich anschließt,[56] bezeichnet die Verschweigung als den „tragenden Rechtsgedanken" der Verwirkung[57] und betont als ihr entscheidendes Merkmal die besondere Veranlassung zum Handeln. Als Rechtsgrundlage seiner Konstruktion nimmt er § 242 BGB an.[58]

II. Durch die Verschweigungstheorie wird der Versuch gemacht, eine Erscheinung des heutigen Rechtslebens durch ein altes Rechtsinstitut zu erklären.

Die Einzelfälle, in denen die Verschweigung im geltenden Recht zur Erscheinung kommt, §§ 887, 927 BGB usw.,[59] können nicht eine allgemeine Anerkennung des Verschweigungsgedankens oder wenigstens seine analoge Anwendung begründen.[60] Deswegen wird der § 242 BGB als gesetzliche Grundlage dieser Auffassung herangezogen. Die Verwirkung soll also einen Fall der auf Grund des § 242 BGB wieder zum Leben gerufenen altgermanischen Verschweigung darstellen.

Angenommen, daß gegen letzteres nichts einzuwenden ist, taucht die Frage auf, ob die Verschweigung die Verwirkungstatbestände zu erklären vermag, ob diese Tatbestände sich unter den Begriff der Verschweigung subsumieren lassen.

Die Verschweigung, die einen Ersatz für die dem älteren deutschen Recht unbekannte Ersitzung und Verjährung bildete, beruhte auf dem Gedanken, daß jeder, der einen ihm bekannten Zustand als unrechtmäßig anzufechten in der Lage ist, ihn rechtzeitig anfechten soll, wenn er nicht sein Anfechtungsrecht für immer verlieren will. Die Frist, welche grundsätzlich Jahr und Tag betrug, lief entweder von Rechtswegen oder kraft eines richterlichen Aufgebots.[61]

Die Verschweigung setzt also einen bekannten, als unrechtmäßig anfechtbaren Zustand voraus, sowie den Ablauf einer genau bestimmten Zeit (Jahr und Tag) und in vielen Fällen noch ein richterliches Aufgebot.

Bei den Verwirkungstatbeständen kommt, mit Ausnahme des gewerblichen Rechtsschutzes und des Arbeitsrechts, grundsätzlich kein unrechtmäßiger und infolgedessen anfechtbarer Zustand vor.

---

[54]) Schweigen im Rechtsverkehr, 1933; DJZ. 1934, Sp. 1512 ff. Vgl. auch R. Düll, KrVJSchr., Bd. 1936, S. 321 ff., der aber die Verwirkung bei den Gestaltungsrechten als Erlöschungsgrund auffaßt. S. 336.

[55]) JW. 1935, S. 1841 f. Anm. Vgl. auch K. Westermann, DJZ. 1935, Sp. 398.

[56]) JW. 1935, S. 227 (Anm. zu OLG. Köln).

[57]) Schweigen im Rechtsverkehr, S. 123.

[58]) Krause a.a.O. S. 123 f.

[59]) Vgl. Krause a.a.O. S. 173 ff.

[60]) Siebert, Verwirkung und Unzulässigkeit, S. 26 f.

[61]) O. Gierke, Deutsches Privatrecht, Bd. I, 1895, S. 311; Schwerin, Grundzüge des deutschen Privatrechts, 1928, S. 85; R. Hübner, Grundzüge des deutschen Privatrechts, 1930, S. 16.

Denn es kann nicht angenommen werden, daß die Verzögerung der Ausübung z. B. des Aufwertungsrechts einen als unrechtmäßigen anfechtbaren Zustand darstellt.

Bei der Verschweigung bildet die Kenntnis des anfechtbaren Zustandes eins ihrer wesentlichen Tatbestandelemente, bei der Verwirkung ist dies nicht der Fall (vergl. unten § 15 III.).

Ebenso kommt nicht bei den Verwirkungstatbeständen eine genau bestimmte Zeit vor, die ablaufen soll,[62] sowie auch kein Aufgebotsverfahren. Die Verwirkungstatbestände sind also mit dem Tatbestand der Verschweigung unvereinbar.

Außerdem sind die Gedanken, aus denen Verwirkung und Verschweigung entsprungen sind, und der Zweck, den sie verfolgen, sowie ihre Wirkungen völlig verschieden (vergl. unten § 18 IV.).

Aus diesen Gründen ist die Verschweigungstheorie abzulehnen.[63]

§ 7. Die Verwirkung als Ersitzung.

I. Zur Erklärung der Verwirkungstatbestände wurde auch die Ersitzung herangezogen.[64] Zu dieser Theorie, die die Verwirkung als eine Erwerbsart von Rechten auffaßt, hat eine Scheinähnlichkeit der auf dem Gebiet des gewerblichen Rechtsschutzes vorkommenden Verwirkungstatbestände mit der Ersitzung geführt, und besonders das Erfordernis des Erwerbs eines (wertvollen) Besitzstandes seitens des Erwirkenden (Verletzers).

Seligsohn geht von dem Standpunkt aus, daß es sich bei den Verwirkungstatbeständen um eine durch den Zeitablauf eintretende Umwandlung eines tatsächlichen Besitzstandes in einen Rechtsstand handelt und daß infolgedessen hier eine Form der Ersitzung vorliegt.[65] Infolgedessen seien die über die Ersitzung geltenden Vorschriften (§§ 937 ff. BGB) auf die Verwirkungstatbestände anwendbar.

Zu dem gleichen Ergebnis kommt auch Oppenheim[66] mit der bedenklichen Begründung, daß die Rechtsprechung die Verwirkungsfälle aus dem Ersitzungsgedanken entscheidet.

II. Die Ersitzungstheorie fand mit Recht allgemeine Ablehnung, auch auf dem Gebiet für das sie aufgebaut wurde, nämlich auf dem Gebiet des gewerblichen Rechtsschutzes.[67]

---

[62]) Krause a.a.O. S. 189, setzt an die Stelle von Jahr und Tag eine angemessene Frist, die nach den Umständen des einzelnen Falles zu bestimmen ist.

[63]) Dagegen auch Siebert a.a.O. S. 181 ff. Vgl. auch RG. DJZ. 1930, Sp. 170.

[64]) Vgl. J. Seligsohn, GRUR. 1927, S. 636 ff. (643); auch in Abhandlungen zum Arbeitsgebiet des Reichspatentamts, 1927, S. 222; hauptsächlich in GRUR. 1930, S. 93 ff.; Oppenheim, Die Verwirkung im gewerblichen Rechtsschutz, 1932 (dagegen Reimer, MuW. 1932, S. 407); MuW. 1932, S. 440. Vgl. auch E. Reimer, GRUR. 1931, S. 466.

[65]) Seligsohn, GRUR. 1930, S. 101.

[66]) Die Verwirkung im gewerblichen Rechtsschutz, S. 30 ff. und 35.

[67]) Vgl. Baumbach, GRUR. 1930, S. 251 ff.; Das gesamte Wettbewerbsrecht, 1931, S. 109; Reimer, MuW. 1932, S. 407. Vgl. weiter Krause, Schweigen usw., S. 203; RGZ. Bd. 134, S. 38 ff. (41); RG. GRUR. 1932, S. 302.

Gegen die Ersitzungstheorie ist folgendes einzuwenden:

1. Sie führt zur Erklärung der Verwirkungstatbestände ein Rechtsinstitut des Sachenrechts an, welches eine besondere Erwerbsart des Eigentums an beweglichen Sachen ist. Sie knüpft an den Gedanken an, daß gewisse sachenrechtliche Vorschriften auf das Immaterialgüterrecht übertragbar sind, ohne diese Frage der analogen Anwendung, die die Grundlage der ganzen Theorie bildet, sowie die weitere Frage, ob die Ersitzungsvorschriften gerade auf die Verwirkungstatbestände analoge Anwendung erfahren können, zu erörtern und zu beantworten.

Die Konstruktion entbehrt also jeder Grundlage und schwebt in der Luft.

2. Sie konstruiert auf Grund der Verwirkungstatbestände, die auf einem Rechtsgebiet, nämlich dem des gewerblichen Rechtsschutzes, vorkommen, ohne überhaupt die Frage der Verhältnisse dieser Verwirkungstatbestände zu den ähnlichen Erscheinungen auf anderen Rechtsgebieten zu untersuchen. Sie übersieht letztere und verkennt somit die Einheitlichkeit des Verwirkungsgedankens. Sie ist nur für das Warenzeichen- und Wettbewerbsrecht aufgestellt,[68] daher einseitig und infolgedessen schon deswegen abzulehnen.

3. Außerdem unterscheidet sich der Ersitzungstatbestand, wie vom Gesetz festgelegt ist, deutlich von den Verwirkungstatbeständen. Der beste Beweis dafür ist der Versuch der Vertreter der Ersitzungstheorie, die Unstimmigkeiten zwischen den zwei Tatbeständen zu beseitigen.

Es kann mit Recht behauptet werden, daß alle drei Tatbestandselemente der Ersitzung, nämlich Eigenbesitz, Ablauf eines zehnjährigen Zeitraums und guter Glaube des Besitzers (§ 937 BGB) keine notwendigen Tatbestandselemente der Verwirkung sind.

Besitz einer fremden beweglichen Sache ist für die Verwirkung nicht notwendig. Für sie ist nur die Benutzung eines fremden Zeichens[69] (im Zeichenrecht) erforderlich.[70]

Der zehnjährige Zeitraum, währenddessen der Eigenbesitz dauern muß, ist bei den Verwirkungstatbeständen nirgends zu spüren. Die Vertreter der Ersitzungstheorie geben zu, daß er bei der Verwirkung nicht erforderlich ist.[71]

Schließlich ist festzustellen, daß auch der gute Glaube des Schuldners, des (Zeichen-) Verletzers kein Begriffselement der Verwirkung ist.[72]

4. Bei den Verwirkungstatbeständen handelt es sich, wie bereits festgestellt ist, um die zeitliche Beschränkung der Rechtsausübung,

---

68 Seligsohn, GRUR. 1930, S. 103; Oppenheim, MuW. 1932, S. 442.

69) Oppenheim, Die Verwirkung im gewerblichen Rechtsschutz, S. 36, spricht vom Besitz des eigenen Zeichens.

70) Vgl. Baumbach, GRUR. 1930, S. 252.

71) Seligsohn, GRUR. 1930, S. 101; Oppenheim, a.a.O. S. 36.

72) Vgl. auch Krause, Schweigen usw., S. 203; ferner Siebert, Verwirkung usw., S. 202 f.

bei der Ersitzung um den Erwerb eines Rechts seitens des Ersitzenden und Verlust seitens des bisherigen Rechtsinhabers.[73]

5. Die Verwirkung bezweckt, durch die zeitliche Beschränkung der Rechtsausübung den Schuldner gegen die Willkür des Gläubigers bei der Ausübung seiner Rechte zu schützen. Die Ersitzung dagegen ist aus dem Bedürfnis herausgewachsen, dem gutgläubigen Erwerber von beweglichen Sachen, die dem Veräußerer nicht gehören, die Möglichkeit eines nachträglichen Erwerbs des Eigentums zu schaffen (d. h. soweit die §§ 932 ff. BGB nicht zur Anwendung kommen).

6. Die Ersitzungstheorie versagt gänzlich, wenn sie zur Erklärung der Verwirkungstatbestände auf anderen Rechtsgebieten als das des gewerblichen Rechtsschutzes angewandt wird. Es ist offenbar falsch, die Verwirkung des Anspruchs auf Tariflohn oder auf Aufwertung durch die Ersitzung dieser Rechte seitens des Schuldners erklären zu wollen.

III. Die Ersitzungstheorie entspricht nicht dem Verwirkungsgedanken, vermag nicht die Bedürfnisse zu befriedigen, aus denen letzterer entstanden ist, und befindet sich in Unmöglichkeit, alle Verwirkungstatbestände zu umfassen. Sie ist also deswegen abzulehnen.

§ 8. Die Verwirkung als Verarbeitung.

I. Auf dem Grundsatz, daß die sachenrechtlichen Vorschriften auf das Gebiet des Immaterialgüterrechts analog angewandt werden können, stützt sich auch die Auffassung, daß die Verwirkungstatbestände unter dem Begriff der Verarbeitung zu subsumieren sind. Die für die Verarbeitung geltenden Vorschriften (§ 950 f. BGB) werden auf die Verwirkung analog angewandt.

Diese Auffassung, die Anspruch auf beschränkte Geltung stellt, nämlich auf das Gebiet des gewerblichen Rechtsschutzes, und deren Kern der Schutz eines wertvollen Arbeitsergebnisses ist, wird von B. Herzog[75] und von Ruth[76] vertreten.

II. Die Auffassung der Verwirkung als Verarbeitung leidet hauptsächlich an den gleichen Mängeln wie die Ersitzungstheorie und ist deswegen abzulehnen.

1. Sie begründet nicht die grundsätzliche analoge Anwendung der sachenrechtlichen Vorschriften des BGB auf das Immaterialgüterrecht und besonders auf die Verwirkungstatbestände. B. Herzog beschränkt sich, was diese grundlegende Frage seiner Konstruktion anbelangt, sich auf die Meinung Baumbachs zu stützen.[77]

---

73) Vgl. auch Baumbach a.a.O.
74) Ruth, JW. 1934, S. 288.
75) MuW. 1930, S. 353 f. Vgl. auch S. Herzog, Wettbewerblicher Besitzstand, S. 28 ff.
76) JW. 1934, S. 287 f. Anm.
77) MuW. 1930, S. 353.

2. Sie ist einseitig, da sie nur die Verwirkungstatbestände, die auf dem Gebiet des gewerblichen Rechtsschutzes vorkommen, berücksichtigt. Sie ist deswegen praktisch für die meisten Fälle der Verwirkung, z. B. des Tariflohnanspruchs, des Aufwertungsanspruchs, unbrauchbar und ungeeignet als Grundlage für eine einheitliche Lösung des Verwirkungsproblems.

3. Es ist nicht richtig zu behaupten, daß die Tatbestandselemente der Verarbeitung bei den Verwirkungstatbeständen vorhanden sind.

Durch die Arbeit des Verletzers wird z. B. kein neues Zeichen geschaffen, sondern es wird dem alten Zeichen ein praktischer Inhalt (bei unbenutzten Zeichen seitens des Zeicheninhabers) gegeben bzw. sein Geltungsbereich (bei benutzten Zeichen) erweitert.

Ein Vergütungsanspruch wegen des durch die Verarbeitung eintretenden Rechtsverlustes (§ 951 BGB) ist bei den Verwirkungstatbeständen nicht zu verzeichnen.

4. Die Verarbeitungstheorie versagt total in den Fällen, in denen der alte (Zeichen-) Inhaber das Zeichen neben dem Verletzer weiterführt. Wenn das alte Zeichen durch die Verarbeitung von dem Verletzer erworben wird, dann müssen wir annehmen, daß der ältere Zeicheninhaber nicht berechtigt sein kann, das Zeichen weiter zu benutzen. Letzteres aber kommt bei den Verwirkungstatbeständen nicht vor.

5. Die Verwirkung bezweckt, die Ausübung der Rechte zeitlich zu beschränken, die Verarbeitung dagegen verschafft dem Verfertiger das Eigentum einer durch seine Arbeit geschaffenen neuen Sache.

6. Die Verwirkung will den Schuldner schützen gegen die willkürliche Verzögerung der Rechtsausübung seitens des Gläubigers, die Verarbeitung dagegen ist aus dem Gedanken herausgewachsen, dem neue, selbständige Werte durch Arbeit Schaffenden wirksamen Schutz zu gewähren.

III. Die Auffassung der Verwirkung als Verarbeitung ist einseitig, entspricht nicht dem Verwirkungsgedanken und den durch die Lebensbedürfnisse gegebenen Verwirkungstatbeständen und ist deswegen abzulehnen. Sie ist mit Recht von der Rechtsprechung und der theoretischen Wissenschaft allgemein abgelehnt.[78]

§ 9. Die Verwirkung als gegensätzliches Verhalten.

I. Das Problem der Verwirkung ist auch mit dem Gedanken des Verbots des gegensätzlichen Verhaltens in Verbindung gebracht. Es wird versucht, die Verwirkung als einen Fall des Verbots des venire contra factum proprium darzustellen.[79]

---

[78]) Vgl. auch Tegtmeyer, ArchCivPr. Bd. 142 (1936), S. 215.

[79]) Über die Frage der Unzulässigkeit des gegensätzlichen Verhaltens siehe E. Riezler, Venire contra factum proprium. 1912; ferner H. Lehmann, ZfHR. Bd. 79 (1916), S. 57 ff.; H. Reichel, Höchstpersönliche Rechtsgeschäfte, 1931, S. 30 Anm. 1, spricht von einem Einwand der Selbstverleugnung.

Hauptvertreter dieser Meinung ist H. Lehmann,[80] während als erster Vertreter Hoeniger bezeichnet werden kann.[81]

Den Gedanken des Verbots des gegensätzlichen Verhaltens hat H. Lehmann kurz in folgender Formel zusammengefaßt:[82] Niemand darf eine Befugnis im Widerspruch mit seinem früheren Verhalten geltendmachen, wenn dieses Verhalten nur bei gleichzeitigem Verzicht auf die Befugnis mit dem Gesetz oder den guten Sitten oder Treu und Glauben in Einklang zu bringen war, oder wenn die nachträgliche Geltendmachung der Befugnis gegen das Gesetz oder die gute Sitte oder Treu und Glauben verstößt.[83]

Als einen Unterfall des gegensätzlichen Verhaltens faßt Lehmann die Verwirkung auf[84] und sieht als einen Vorteil seiner Meinung, daß man damit nicht mehr den Zeitablauf als Grundelement des Verwirkungsbegriffs anzusehen braucht.[85]

II. Auf Grund der Formulierung, die Lehmann dem gegensätzlichen Verhalten gegeben hat, werden wir untersuchen, ob die Verwirkungstatbestände sich unter dem Begriff des venire contra factum proprium subsumieren lassen.

Bei den Verwirkungstatbeständen handelt es sich, wie in dem geschichtlichen Teil dargestellt wurde, um die Versagung der Rechtsausübung infolge des Einwands der nicht rechtzeitigen Ausübung des Rechts.

Dieser Tatbestand läßt sich weder unter dem ersten noch unter dem zweiten Fall des gegensätzlichen Verhaltens subsumieren.

1. Die Nichtausübung von Rechten braucht nicht einen Verzicht auf das Recht zu enthalten, um mit dem Gesetz, der guten Sitte oder Treu und Glauben im Einklang zu stehen. Denn keiner ist verpflichtet, unter Bedrohung des Rechtsverlustes sein Recht auszuüben.

2. Die Nichtausübung von Rechten ist grundsätzlich kein Verhalten, welches die nachträgliche Geltendmachung als gegen das Gesetz, die gute Sitte oder Treu und Glauben verstoßend darstellt, da

---

[80]) JW. 1936, S. 2193 ff. Vgl. auch Enneccerus-Lehmann, S. 19; Enneccerus-Nipperdey, S. 697 und 699; Bank, JW. 1934, 2437 f., der schon 1934 die Heranziehung der Lehre der Unzulässigkeit des gegensätzlichen Verhaltens für die dogmatische Begründung der Verwirkung empfiehlt.

Siehe auch G. W. Heinemann, RuPrVerwBl. Bd. 51/1930), S. 671; Reinhardt, JW. 1933, S. 1397 (in Anm.); R. Franke, JW. 1937, S. 1118; Möhl, Deutsches Arbeitsrecht, Bd. 1937, S. 242, 245 f.; RAG. BenshSammI. Bd. 3 (1928), S. 60. Tegtmeyer, Die Verwirkung, 1935, Kölner Dissertation, S. 68, kommt zu der Annahme, daß die Verwirkung ein Unterfall des gegensätzlichen Verhaltens ist. Später aber, ArchCivPr. Bd. 142 (1936), S. 203 ff., JW. 1936, S. 3100 ff., versucht die Verwirkung durch den Gedanken der Treuepflicht in seiner besonderen Ausprägung als Pflicht zur rechtzeitigen Geltendmachung eines Anspruchs zu begründen. Vgl. dagegen H. Lehmann, a.a.O. S. 2195.

[81]) Schlichtungswesen, 1922, S. 23 f.

[82]) ZfHR. Bd. 79, S. 98.

[83]) Riezler in seinem oben erwähnten Buch vermeidet, eine Formel des gegensätzlichen Verhaltens zu geben. Er behandelt einzelne Fälle, in denen dieser Gedanke praktische Anwendung finden kann.

[84]) H. Lehmann, JW. 1936, S. 2197.

[85]) A.a.O. S. 2194. Dagegen Dänzer-Vanotti, DJZ. 1936, Sp. 1457.

grundsätzlich keine zeitliche Beschränkung der Rechtsausübung besteht.

Ob überhaupt die Untätigkeit als (passives) „Verhalten“ gelten kann, ist bestritten.[86] Die Frage ist dann zu bejahen, wenn eine Pflicht zum Handeln besteht.[87]

Außerdem sind der erzeugende Gedanke sowie der Zweck beider Rechtsinstitute grundsätzlich verschieden.

Die Verwirkung, wie erwähnt, ist der Ausdruck des Gedankens, daß man nicht die Ausübung seines Rechts ungebührlich verzögern darf; sie will den Schuldner gegen eine willkürliche Verzögerung schützen. Sie versucht es, durch eine zeitliche Beschränkung der Rechtsausübung zu erreichen.

Das Verbot des gegensätzlichen Verhaltens dagegen entspringt dem allgemeinen Gedanken, daß man nicht mit seinem eigenen früheren Verhalten in Gegensatz kommen darf. Das Verbot des venire contra factum proprium bezweckt, Ausschreitungen gegen diesen allgemeingültigen Gedanken zu verhindern.[88]

III. Der Gedanke der Unzulässigkeit des gegensätzlichen Verhaltens vermag nicht die Verwirkungstatbestände zu erklären und ist dem Verwirkungsgedanken gegenüber fremd. Er ist also deswegen abzulehnen.

§ 10. Die Verwirkung als eine Folge der allgemeinen inhaltlichen Begrenzung der Rechte.

I. Die Verwirkung wurde auch mit dem Problem der Grenzen der subjektiven Rechte in Verbindung gebracht. Es ist versucht, die Verwirkungstatbestände als Fälle darzustellen, in welchen die inhaltliche Begrenzung der Rechte durch den Gemeinschaftsgedanken, durch Treu und Glauben zum Ausdruck kommt.

Siebert,[89] der Hauptvertreter dieser Auffassung der Verwirkung, ist der Meinung, daß, wer nach langer Untätigkeit (Nichtgeltendmachung der Rechte), so langer, daß die jetzige Ausübung gegen Treu und Glauben verstoßen würde, seine Rechte auszuüben versucht, in Wahrheit ohne Recht handelt. Denn der Rechtsinhalt geht nicht so weit, daß eine solche Ausübung noch als Inhaltsverwirklichung des Rechts gelten kann.

---

[86]) Vgl. Siebert, Verwirkung und Unzulässigkeit, S. 184.

[87]) Vgl. auch Walsmann, JW. 1927, S. 2571 (Anm.).

[88]) Vgl. auch Bank, JW. 1934, S. 2438. „Die ethische Wurzel dieses Rechtsgedankens ist die Treue, hier im besonderen die Treue und Zuverlässigkeit im eigenen Verhalten, auf das sich der Gegenkontrahent muß verlassen können.“

[89]) Verwirkung und Unzulässigkeit der Rechtsausübung, 1934; JW. 1934, S. 1829 ff.; JW. 1935, S. 2946 f. (Anm.); JW. 1937, S. 2495 f. (Anm.); HWRechtsW. Bd. VIII, 1937, Art. Verwirkung, S. 766 ff.

Danach definiert er die Verwirkung als eine Folge der allgemeinen inhaltlichen Begrenzung der Rechte.[90]

Notwendige Konsequenz dieser Auffassung der Verwirkung ist die Meinung, daß bei den Verwirkungstatbeständen keine „unzulässige Rechtsausübung" zu finden ist, da letztere das Bestehen des Rechts voraussetzt, sondern es sich um Fälle vom Handeln ohne Recht und genauer um Fälle von Rechtsüberschreitung handelt.[91]

Als Rechtsgrundlage dieser Auffassung wird § 242 BGB herangezogen.

An diese Lehre haben sich K. Larenz,[92] das Kommentar Soergel,[93] angeschlossen.[94]

II. Um die Verwirkungstatbestände zu erklären, versucht Siebert eine allgemeine Theorie über die inhaltliche Begrenzung der subjektiven Rechte und der Rechtsüberschreitung aufzubauen, und so verwickelt er die Verwirkung mit dem schwierigen und fundamentalen Rechtsproblem des Begriffs und Wesens der subjektiven Rechte und ihrer Begrenzung durch Treu und Glauben und durch den Gemeinschaftsgedanken.

Die Theorie Sieberts führt zu dem Ergebnis, daß die Rechte keinen festbestimmten Inhalt haben sollen, und daß letzterer im einzelnen Falle nach Treu und Glauben unter Berücksichtigung aller Umstände zu bestimmen ist, so daß man berechtigt ist, von Rechten mit gleitendem Inhalt zu sprechen. Die Bestimmung des Rechtsinhalts wird dem Richter im einzelnen Falle überlassen.[95]

---

[90]) Verw. u. Unzul., S. 172. Siehe auch JW. 1937, S. 2495; JW. 1935, S. 2946; JW. 1934, S. 1830. In HWRechtsW., a.a.O. S. 768, wird die Verwirkung als Folge einer natürlichen (objektiven) von Anfang an bestehenden Begrenzung und Gestaltung der Rechte durch den Pflicht- und Vertrauensgedanken definiert.

[91]) Vgl. Siebert, HWRechtsW. Bd. VIII, S. 767.

Die Auffassung des Rechtsmißbrauchs als Rechtsüberschreitung, als Überschreitung der rechtlichen Befugnisse ist schon dem römischen Recht bekannt. Vgl. H. Siber, Schranken der privaten Rechte (Rektoratsrede), 1926, S. 27; E. Riezler, Rechtsvergl. Handw., Bd. VI, 1936, S. 1, Art. Rechtsmißbrauch und Schikane. Nach Riezler, S. 2, ist jeder Rechtsmißbrauch in Wahrheit eine Überschreitung des (richtig aufgefaßten) Rechtes.

Für das gemeine Recht vgl. Kipp zu Windscheid, Lehrbuch Bd. 1 § 121, S. 603.

Für das französische Recht vgl. Planiol-Ripert, Traité élémentaire de Droit Civil, Bd. 2, 1937, 871, P. 312. „... car si j'use de mon droit, mon acte est licite; et quand il est illicite, c'est que je dépasse mon droit et que j'agis sans droit ..." Vgl. aber unten Anm. 149.

[92]) Vertrag und Unrecht, Bd. I, 1936, S. 142 ff.

[93]) Bd. 1, 1937, Verwirkung zu § 242, S. 411 ff.

[94]) Vgl. auch Senf, JW. 1934, S. 2451; R. Franke, JW. 1935, S. 1306 f.

Schmitt, ReichsVerwBlatt, Bd. 59 (1938), S. 179 ff., spricht von einem notwendigen inneren Vorbehalt jedes Gesetzes, im Einzelfall nur insoweit zu gelten, als nicht besondere Tatumstände nach der Rechtsüberzeugung des Volkes eine andere Entscheidung des Falles fordern. Siehe auch H. Hildebrandt, Erklärungshaftung, 1931, S. 179; Rg. HRR. Bd. 1938, Nr. 502.

[95]) Gegen eine solche unerträgliche Konsequenz der Theorie Sieberts vgl. auch H. Würdinger, ArchCivPr. Bd. 143 (1937), S. 248.

Die Unerträglichkeit des Gedankens der inhaltlichen Begrenzung der Rechte nach Treu und Glauben kommt am deutlichsten zum Ausdruck bei den absoluten Rechten. Das Eigentum soll nur bestehen, soweit seine Ausübung mit dem Gemeinschaftsgedanken vereinbart werden kann. Es ist zu verneinen, wenn der Rechtsinhaber durch die Ausübung seines Rechtes gegen Treu und Glauben verstößt.[96]

Die Rechtsunsicherheit und die Verwirrung, die durch eine solche Auffassung der subjektiven Rechte eintreten werden, zwingen zur Ablehnung dieser Theorie.

III. Gegen die Auffassung der Verwirkung als eine Folge der allgemeinen Begrenzung der Rechte und gegen ihre Verknüpfung mit dem Problem der inhaltlichen Grenzen der subjektiven Rechte sind drei Haupteinwendungen geltend zu machen.

1. Die Auffassung Sieberts ist kompliziert und, was besonders zu betonen ist, rüttelt sie an dem Fundament unserer Rechtsordnung, was nicht unbedingt nötig ist, um die Verwirkung zu begründen.[97]

2. Sie vermag nicht die Verwirkungstatbestände rechtlich zu erklären.

Sie versagt hauptsächlich auf dem Gebiet des gewerblichen Rechtsschutzes. So z. B. der (ältere) Zeicheninhaber, der sein verletztes Recht gegen den Verletzer nicht innerhalb bestimmter Zeit ausübt, verwirkt es, wenn der Verletzer in der Zwischenzeit einen wertvollen Besitzstand erworben hat.[98] Das Recht des verwirkenden Zeicheninhabers besteht aber weiter.[99]

Dieser Fall zeigt, daß es nicht richtig ist, die Verwirkung als eine Folge der inhaltlichen Begrenzung der Rechte aufzufassen. Das verwirkte Recht besteht nach seiner Verwirkung weiter und wirkt gegen alle, mit Ausnahme gegen den erwirkenden Verletzer. Bleiben wir der Auffassung Sieberts treu, müssen wir annehmen, daß das absolute Recht (Zeichenrecht) des Verwirkenden gegenüber Dritten als vorhanden, gegenüber dem Erwirkenden (Verletzer) als nicht vorhanden gelten soll. Der Tatbestand spricht aber vielmehr dafür, daß das Recht gegen den Erwirkenden nicht durchgesetzt werden kann, d. h. daß eine Beschränkung seiner Ausübung vorliegt.

---

[96]) Vgl. auch H. Würdinger, a.a.O., S. 249. Er führt folgendes Beispiel an: Wenn jemand seinen Wintermantel vernichtet, statt ihn dem Winterhilfswerk zu geben, so soll er nach der obigen Auffassung nicht sein Eigentumsrecht geltend gemacht haben. Vgl. weiter das Beispiel des Bauern, der seinen Acker gegen den Gemeinschaftsgedanken brach gelassen hat. Dagegen nicht überzeugend Siebert, JW. 1937, S. 2496.

[97]) „Soll das wissenschaftliche Gebäude Festigkeit erlangen, so rüttle man nicht ohne Not an dem Fundament . . ." Jhering, Geist des römischen Rechts, Bd. II 2, S. 378.

[98]) RGZ. Bd. 134, S. 38 ff. = JW. 1932, S. 942 (mit Anm. von Siebert).

[99]) RG., GRUR. 1937, S. 1013 ff. = MuW. 1937, S. 409 ff.

Die Konstruktion Sieberts kann auf dem Gebiet des gewerblichen Rechtsschutzes die Probe nicht bestehen und ist schon deswegen abzulehnen. Das Prinzip der inhaltlichen Begrenzung der Rechte als Grundlage für die rechtliche Begründung der Verwirkung führt auf dem Gebiet des gewerblichen Rechtsschutzes zu Ergebnissen, die nicht zu billigen sind.

3. Die Theorie der inhaltlichen Begrenzung der Rechte entspricht nicht dem Verwirkungsgedanken. Sie schießt über das Ziel hinaus.

Wie im geschichtlichen Teil gezeigt wurde, ist die Verwirkung aus dem Bedürfnis entstanden, die Rechtsausübung zeitlich zu beschränken. Treu und Glauben und der Gemeinschaftsgedanke verlangen, daß die Rechtsausübung nicht nach Willkür verzögert werden kann, daß sie grundsätzlich unter besonderen Umständen innerhalb von Treu und Glauben zu bestimmenden zeitlichen Grenzen stattfindet.

Die Theorie der inhaltlichen Begrenzung der Rechte, soweit inhaltliche Grenzen der Rechte überhaupt anzuerkennen sind, greift tiefer als die Bedürfnisse des Rechtslebens verlangen. Sie begrenzt das Recht, anstatt seine Ausübung zu beschränken. Sie geht über die zu befriedigenden Bedürfnisse hinaus.[100]

IV. Die Auffassung der Verwirkung als eine Folge der allgemeinen inhaltlichen Begrenzung der Rechte ist nach den obigen Erörterungen abzulehnen, weil sie die Verwirkungstatbestände nicht zu erklären vermag und außerdem über die Bedürfnisse hinaus geht, die die Verwirkung hervorgerufen haben.

§ 11. Die Verwirkung als selbständiger Erlöschungsgrund.

I. Die Verwirkung wurde in ihrer dogmatischen Entwicklungsgeschichte auch als ein selbständiger Erlöschungsgrund aufgefaßt und neben die allgemein geltenden, durch das Gesetz ausdrücklich anerkannten Erlöschungsgründe der Rechte gestellt.[101]

Diese Auffassung, welche die Verwirkung neben die Ausschlußfrist und die Verjährung stellt, findet einen Stützpunkt auch in besonderen Wendungen, die in der Rechtsprechung vorkommen. So z. B. erkennt das Reichsgericht, daß allgemein anerkannt ist,[102] daß die verspätete Geltendmachung von Ansprüchen unter besonderen Umständen ein Verhalten darstellen kann, das gegen Treu und

---

100) Siebert selbst in seinem ersten Aufsatz über die Verwirkung, DJZ. 1928, Sp. 1542 ff., faßt sie auf als „ein bloßes Hindernis in der Geltendmachung des Anspruchs", Sp. 1543.

101) Über den Unterschied zwischen den Begriffen Erlöschen, Beendigung, Aufhebung der Rechte vgl. Kipp zu Windscheid, Lehrbuch Bd. 1, § 63, S. 296 f. Grundsätzlich besteht in der Rechtssprache zwischen den Begriffen Untergang, Erlöschen, Beendigung, Aufhebung der Rechte kein allgemein anerkannter Unterschied.

102) RGZ. Bd. 126 (1930), S. 319.

Glauben verstößt und damit selbst den auf Treu und Glauben fußenden Anspruch v e r n i c h t e t.[103]

Hauptvertreter dieser Meinung im Schrifttum ist G. W. Heinemann,[104] dem M. Hamburger sich angeschlossen hat.[105]

Neuerdings ist H. Stoll mit der Meinung hervorgetreten, daß die Verwirkung ein Rechtsbeendigungsgrund sein kann.[106]

II. Nach dieser Auffassung ist neben den zwei allgemeinen Rechtsbeendigungsgründen, nämlich der Verjährung und der Ausschlußfrist, ein selbständiger Dritter auf Grund des königlichen Paragraphen 242 BGB anzuerkennen. Heinemann bezeichnet ihn als eine von aller Starrheit befreite Ausschlußfrist.[107]

Durch die Auffassung Heinemanns wird in unserer Ordnung für alle Rechte eine allgemeine Ausschlußfrist eingeführt, deren Länge nicht allgemein, sondern von Fall zu Fall nach den besonderen Umständen zu bestimmen ist.

Stoll dagegen vertritt die Meinung, daß die Verwirkung grundsätzlich auf denjenigen Gebieten eine Daseinsberechtigung hat, auf welchen keine Verjährung oder Ausschlußfrist besteht.[108] Die Meinung Stolls beschränkt wesentlich den Geltungsbereich der Verwirkung und entspricht nicht den Verwirkungstatbeständen. Denn die Verwirkung wird auch bei verjährbaren bzw. mit einer Ausschlußfrist beschränkten Rechten angenommen.[109]

III. Gegen die Auffassung der Verwirkung als ein selbständiger Erlöschungsgrund läßt sich folgendes einwenden:[110]

---

103) Vgl. auch RGZ. Bd. 134 (1932), S. 270: „Allein der U n t e r g a n g des Aufwertungsanspruchs k r a f t V e r w i r k u n g steht als E r l ö s c h u n g s g r u n d s e l b s t ä n d i g u n d u n a b h ä n g i g neben dem des Verzichts . . .“; RArbG. JW. 1932, S. 3470 ff. = BenshSamml. Bd. 13 (1932), S. 492. „Diese Ausführungen verkennen den Begriff von Treu und Glauben, auf Grund dessen die Rechtsprechung überhaupt das Erlöschen von Rechten infolge Nichtgeltendmachung entwickelt hat.“; RAGE. Bd. 10 (1932), S. 361; OLG. Frankfurt a. M. JW. 1932, S. 2447 f.; LG. Berlin, JW. 1933, S. 1041.

104) LZ. 1928, Sp. 935 ff. (Die Verwirkung als Rechtsvernichtungsgrund); RuPrVerwBl. Bd. 51 (1930), S. 670 ff. Heinemann fügt aber hinzu: „Die Verwirkung ist darüber hinaus die Abwehr gegen widerspruchsvolles Verhalten schlechthin.“ Vgl. auch Frankenberger, JW. 1928, S. 2635 f. (Anm.); Scholtz, JW. 1930, S. 2356 ff.; Dänzer-Vanotti, DRZ. 1932, S. 74; R. Callmann, Kommentar zum UWG. 1932, § 1 Anm. 46, S. 159, spricht grundsätzlich von einem relativen Rechtsverlust (Nichtgeltendmachendürfen). Er nimmt nur in Ausnahmefällen an, daß die Verwirkung zur Vernichtung des Rechtes führen kann. Vgl. auch Das Deutsche Kartellrecht 1934, § 8, Anm. 41, S. 533.

105) Treu und Glauben im Verkehr, 1930, S. 97 (gegen seine früheren Bedenken); vgl. auch LZ. 1928, Sp. 1593 f.

106) Vertrag und Unrecht, 1936, S. 214. Vom Untergang des Rechtes durch Verwirkung spricht auch Dänzer-Vanotti, Arbeitsrecht-Kartei, Verwirkung, und DJZ. 1936, Sp. 1460 ff. Vgl. auch F. Giese, Rechtsspiegel der Wirtschaft, Bd. 1937, S. 490 (Steuerrecht).

107) LZ. 1928, Sp. 939; RuPrVerwBl. Bd. 51, S. 671.

108) A.a.O. S. 214.

109) Vgl. z. B. die Rechtsprechung über die Verwirkung des Aufwertungsrechts.

110) Dagegen auch RG. JW. 1928, S. 651.

1. Das BGB hat keine allgemeine Ausschlußfrist für die Rechte anerkannt, sondern sie in einzelnen Fällen angeordnet, soweit ein Bedürfnis dafür vorhanden war. Außerdem hat das BGB die Erlöschungsgründe der Rechte abschließend geregelt.[111]

Ob man bei dieser Rechtslage berechtigt ist, auf Grund des § 242 BGB eine allgemeine Ausschlußfrist anzuerkennen, d. h. einen neuen Erlöschungsgrund der Rechte in unserer Rechtsordnung einzuführen, ist äußerst zweifelhaft und grundsätzlich nicht zu bejahen.

2. Außerdem ist diese Auffassung auch aus dem Grunde abzulehnen, weil sie auf dem Gebiet des gewerblichen Rechtsschutzes versagt. Denn es soll auch hier gelten, was gegen die vorher erörterte Meinung, daß die Verwirkung eine Folge der allgemeinen inhaltlichen Begrenzung der Rechte ist, ausgeführt wurde. Das Weiterbestehen des verwirkten Rechts, z. B. des Zeichenrechts, ist nicht vereinbar mit der Hauptwirkung der Ausschlußfrist, nämlich mit der Vernichtung des Rechts,[112] und allgemein mit der Auffassung der Verwirkung als Erlöschungsgrund.

3. Gegen Heinemanns Auffassung spricht auch die Tatsache, daß bei der Ausschlußfrist die Wirkung durch bloßen Zeitablauf eintritt, während bei der Verwirkung besondere Umstände hinzutreten müssen.

IV. Die Auffassung der Verwirkung als ein selbständiger Erlöschungsgrund ist abzulehnen, da sie eine zweifelhafte gesetzliche Grundlage aufweist und die Verwirkungstatbestände nicht zu erklären vermag.

§ 12. Die Verwirkung als Beschränkung der Haftung des Schuldners.

I. Die Verwirkung ist nach dieser Auffassung eine durch Zeitablauf eintretende Beschränkung der Haftung des Schuldners. Das Verwirkungsproblem ist nichts anderes als das Problem des Einflusses des Zeitablaufs auf die Haftung des Schuldners gegenüber seinem Gläubiger. Die Schuld bleibt unberührt, die Haftung aber beschränkt sich unter besonderen Umständen aus Billigkeitsgründen. Die Verwirkung betrifft das Verhältnis von Schuld und Haftung, sie ist ein Vorgang, der auf der Schuldnerseite und nicht auf der Gläubigerseite vorkommt. Die verwirkte Schuld ist eine der Haftung nach beschränkte Schuld.

Vertreter dieser Auffassung der Verwirkung ist F. Müllereisert.[113]

---

[111]) Vgl. Siebert, DJZ. 1928, Sp. 1542.

[112]) Über die Wirkung der Ausschlußfrist vgl. Enneccerus-Nipperdey, § 211, S. 702; Kipp zu Windscheid, Lehrbuch, Bd. 1, § 105, S. 546. 2.

[113]) JheringsJ. Bd. 85 (1935), S. 262 ff. Vgl. auch ZentlBlHR. Bd. 1933, S. 97 ff.

Müllereisert stützt positivrechtlich seine Auffassung auf § 242 BGB, auf Treu und Glauben,[114] und meint, daß die Billigkeit zu einer Beschränkung der Haftung des Schuldners führt.

Die Verwirkung ist nicht von Amts wegen zu berücksichtigen, der Schuldner muß sich auf sie berufen. Der Gläubiger ist dann verpflichtet, in die Beschränkung der Haftung einzuwilligen.[115]

II. Die Auffassung Müllereiserts hat mit Recht keine Aufnahme im Schrifttum, sowie in der Rechtsprechung gefunden.

Gegen sie ist folgendes einzuwenden. Ihre Grundlage ist die Trennung von Schuld und Haftung, m. a. W. die Unterscheidung zwischen der Forderung und der Befugnis des Gläubigers, das Vermögen des Schuldners anzugreifen.[116] Diese Unterscheidung betrifft die Schuldverhältnisse, das Schuldrecht. Infolgedessen ist die Auffassung Müllereiserts nicht in der Lage, die Verwirkungstatbestände in den Fällen zu erklären, in welchen es sich um ein Gestaltungsrecht (Kündigung, Anfechtung) oder absolutes Recht (z. B. aus dem Immaterialgüterrecht das Warenzeichenrecht) handelt. Durch den Zeitablauf und die sonstigen für die Verwirkung nötigen besonderen Umstände wird das Recht des verletzten Zeicheninhabers, gegen den Verletzer vorzugehen, beschränkt; es wird das Recht des Verletzten in dem besonderen einzelnen Falle nicht durchgreifen können. Bei seiner Verletzung reagiert das Zeichenrecht (absolutes Recht), abgesehen von den Forderungen, die aus der Verletzung entstehen können, z. B. auf Schadenersatz, durch den Anspruch auf Unterlassung der Verletzung bzw. auf Herstellung des dem Zeichenrecht entsprechenden Rechtszustandes. Durch die Verwirkung wird diese Reaktionsfähigkeit des absoluten Rechts beschränkt, m. a. W. die Durchsetzbarkeit der aus seiner Verletzung entspringenden Anpsrüche gegen den Verletzer im einzelnen Falle vereitelt. Von einem Angreifen des Vermögens des Verletzers kann keine Rede sein, so daß folgerichtig auch nicht von einer durch die Verwirkung eintretenden Beschränkung der Befugnis des verletzten Rechtsinhabers das Vermögen des Verletzten anzugreifen, gesprochen werden kann.

III. Die Konstruktion der Verwirkung als Beschränkung der Haftung des Schuldners läßt wichtige Verwirkungstatbestände unberücksichtigt. Sie vermag nicht die Verwirkung der absoluten Rechte zu erklären. Sie ist also als einseitig und ungenügend abzulehnen.

---

[114]) JheringsJ. Bd. 85, S. 266, gegen seine frühere Meinung, daß die Begründung der Verwirkung mit § 242 BGB. unhaltbar ist, vgl. ZentlBlHR. Bd. 1933, S. 97.

[115]) JheringsJ. a.a.O. S. 267.

[116]) Über die Unterscheidung von Schuld und Haftung vgl. v. Tuhr, Allg. Teil, Bd. I § 4, S. 115; Heck, Grundriß des Schuldrechts, 1929, § 2, S. 5. Dagegen F. Leonhard, Allgemeines Schuldrecht des BGB., Bd. 1, 1929, S. 27 ff., vgl. aber weiter S. 38 f.

Zweiter Teil

§ 13. Begriff der Verwirkung.

Nach den obigen Erörterungen über die Rechtsprechung und die Theorie auf dem Gebiet der Verwirkung kommen wir zu dem Ergebnis, daß keine der erörterten Konstruktionen dem Verwirkungsgedanken, den Lebensbedürfnissen, aus denen er herausgewachsen ist, seiner Einheitlichkeit und Allgemeinheit entspricht. Die Konstruktion der Verwirkung ist noch ein ungelöstes Problem, was uns zu einem neuen Lösungsversuch berechtigt.

I. Die Verwirkung ist wie folgend zu definieren.

Die Verwirkung besteht in der ausnahmsweise nach Treu und Glauben zeitlichen Beschränkung der Rechtsausübung.[117]

In den Verwirkungstatbeständen, die uns das Rechtsleben in den gerichtlichen Erkenntnissen als Grundlage für einen Begriffsaufbau gibt, kommt immer eine Versagung der verspäteten Rechtsausübung wegen Verstoßes gegen Treu und Glauben vor. Die Wendung, daß der Geltendmachung des Rechtes die rechtliche Wirkung versagt werden muß, ist sehr häufig.[118]

Die Versagung der rechtlichen Wirkung der Ausübung eines Rechtes, m. a. W. die Unzulässigkeit der Rechtsausübung, ist eine Konsequenz ihrer zeitlichen Beschränkung durch den Treu- und Glaubensgedanken.[119] Die Ausübung der Rechte wird durch Treu und Glauben beherrscht. Dieser Gedanke beeinflußt nicht nur das Wie der Rechtsausübung, sondern auch das Wann.[120] Wird die Rechtsausübung über die nach Treu und Glauben im Einzelfalle ausnahmsweise bestimmten zeitlichen Grenzen verzögert, so ist sie unzulässig, das Recht ist verwirkt.

---

117) Man kann die Verwirkung, vom Standpunkt ihrer Wirkung betrachtet, als die Unzulässigkeit der Rechtsausübung wegen Ablaufs der nach Treu und Glauben für sie (die Rechtsausübung) ausnahmsweise im einzelnen Falle bestimmten Frist definieren.

118) RGZ. Bd. 155, S. 148 ff. = JW. 1937, S. 2266 f.; RG. JW. 1935, S. 1841 und S. 2490 f.; RG. JW. 1933, S. 53 ff. (Litin—Mitin Entsch.); RGZ. Bd. 123, S. 216; RGZ. Bd. 91, S. 345 ff. (347); RAG. BenshSamml. Bd. 16, S. 250.

119) Vgl. auch RG. DJZ. 1929, Sp. 1476; RG. JW. 1929, S. 34.

120) Die Rechtsausübung ist mit dem Treu und Glaubensgedanken unvereinbar, wenn sie in einer für den Schuldner ungünstigen Zeit stattfindet, ohne daß sie durch ein besonderes Interesse des Gläubigers gerechtfertigt werden kann. So z. B. wenn der Verleiher sein Recht auf Zurückforderung der geliehenen Sache gegen den Entleiher (§ 604 Abs. 3 BGB) in einer für ihn ungünstigen Zeit ausübt,

Letztere Betrachtungsweise entspricht den Verwirkungstatbeständen, wie aus dem geschichtlichen Teil dieser Abhandlung zu entnehmen ist. Hier ist nur hinzuzufügen, daß sie auch mit der Auffassung des Rechtslebens über die Verwirkung übereinstimmt. Es ist m. E. nicht zu bestreiten, daß bei der Verwirkung keine der interessierten Parteien an inhaltlichen Grenzen der Rechte oder an der Löschung der Rechte denkt. So z. B. der Aufwertungsberechtigte und der -verpflichtete, der verletzte Zeicheninhaber und der Verletzer. Die Auffassung der Verwirkung als einer zeitlichen Beschränkung der Ausübung ihrer Rechte ist ihnen verständlicher und lebensnah. Es kann mit Recht behauptet werden, daß dies die Lebensauffassung über die Verwirkungsvorgänge ist.[121]

Wie bei jedem Rechtsinstitut, so ist auch bei der Verwirkung anzuerkennen, daß sie ihre Grenzen da findet, wo höhere Interessen, nämlich die Interessen der Gemeinschaft, der Allgemeinheit entgegenstehen. Dies muß besonders bei der Verwirkung betont werden, denn dieses Rechtsinstitut ist aus dem Treu- und Glaubensgedanken entstanden und hat Treu und Glauben (§ 242 BGB) als Rechtsgrundlage. Treu und Glauben kann nicht im Gegensatz zum Recht „höherer Ordnung“ stehen. Es könnte vielleicht nicht ohne Grund bezweifelt werden, ob man überhaupt von Treu und Glauben sprechen darf, falls die Interessen der Gemeinschaft außer Acht gelassen werden.[122]

II. Wie aus der oben gegebenen Definition der Verwirkung zu entnehmen ist, ist letztere mit dem Gedanken einer einhaltlichen Begrenzung der Rechte nicht in Verbindung zu bringen. Sie greift nur die Ausübung des Rechtes an und läßt es seinem Inhalt nach unberührt. Das Recht bleibt unverändert weiter bestehen, seine Ausübung ist aber eingeschränkt. Es kann nicht in dem bestimmten einzelnen Fall ausgeübt werden.

---

freilich ohne die Absicht zu haben, ihn zu schädigen, trotzdem er aber ohne Gefährdung seiner Interessen die Ausübung verschieben konnte. Vgl. auch § 1020 BGB, der Rücksicht auf den Eigentümer bei der Ausübung einer Grunddienstbarkeit anordnet.

In diesen Fällen soll die Rechtsausübung als vorläufig unzulässig betrachtet werden, wenn die Interessenabwägung für den Schuldner spricht. Vgl. allgemein über die Beschränkung der Rechtsausübung durch Treu und Glauben v. Tuhr, Allg. Teil Bd. III § 93, S. 562 f.

121) Von Hinderung der Geltendmachung spricht auch Siebert in DJZ. 1928, Sp. 1542 f.; von Schranken der Rechtsausübung in JW. 1932, S. 943 (Anm.); vgl. auch JW. 1932, S. 2385; JW. 1933, S. 1268 (Anm.). Siebert vertritt später die Auffassung, daß die Verwirkung eine Folge der inhaltlichen Begrenzung der Rechte ist.

Von einer Beschränkung der Rechtsausübung spricht Krückmann, ZHR. Bd. 104 (1937), S. 125, 140. Vgl. weiter H. Gumpel, Die Verwirkung im Wettbewerbsrecht (Gött. Diss.) 1933, S. 85; H. Röder, Die Verwirkung im Arbeitsrecht (Leipz. Diss.) 1937, S. 29.

Es ist hier zu bemerken, daß es mindestens ungenau ist, von Hinderung oder Unzulässigkeit der Rechtsausübung zu sprechen, ohne den Grund dafür anzugeben.

122) Das RG. hat die Verwirkung in einzelnen Fällen aus dem Grunde abgelehnt, weil ihre Annahme zur Irreführung der Öffentlichkeit geführt hätte, vgl. RG. GRUR. 1937, S. 941; GRUR. 1937, S. 642 = MuW. 1937, S. 143 ff.

Die Auffassung der Verwirkung als zeitlicher Beschränkung der Rechtsausübung stützt sich auf die Möglichkeit der begrifflichen Trennung des Rechts von seiner Ausübung, des Rechtsinhalts von der Rechtsausübung.[123] Verneinung dieser Möglichkeit wäre Verneinung der Grundlage unserer Auffassung der Verwirkung und hätte sie unhaltbar gemacht.

Um die Frage der Möglichkeit der Trennung von Recht und Rechtsausübung richtig beantworten zu können, müssen wir den Begriff der Rechtsausübung klarstellen.

Die Rechtsausübung ist allgemein als die tatsächliche Verwirklichung des Rechtsinhalts aufzufassen.[124]

Das subjektive Recht ist nach der berühmten Definition Windscheids eine von der Rechtsordnung verliehene Willensmacht[125] oder Willensherrschaft.[126] Daraus folgt, daß die Macht oder Befugnis den Inhalt des Rechtes bildet.

Die Rechtsausübung ist durch den Rechtsinhalt bedingt. Es ist überhaupt nur möglich, von Rechtsausübung zu sprechen, soweit der Rechtsinhalt reicht. Ein Handeln außerhalb des von dem Rechtsinhalt bestimmten Gebietes bedeutet Handeln ohne Recht, Rechtsüberschreitung.[127]

Es kann aber vorkommen, daß die Rechtsausübung unzulässig ist, trotzdem sie innerhalb der Grenzen des Rechtsinhalts stattfindet. Die von dem objektiven Rechte verliehene Macht kann sich in dem konkreten Fall nicht durchsetzen. Man kann sagen, daß dies eine Leugnung der Macht, eine Beschränkung der verliehenen Befugnis bedeutet, infolgedessen ist in solchen Fällen eine Beschränkung des Rechts selbst und nicht seiner Ausübung anzunehmen.[128]

Streng logische Betrachtung des Problems kann dazu führen, soweit das subjektive Recht als eine verliehene Macht aufgefaßt wird, die Richtigkeit dieses Gedankenganges zu behaupten.[129] Es

---

[123]) Vgl. dafür Krückmann, ZHR. Bd. 104, S. 106 ff. Dagegen Siebert, JW. 1937, S. 2496.

[124]) Enneccerus-Nipperdey, § 220 S. 727. Vgl. auch Hager, Schikane und Rechtsmißbrauch, 1913, S. 39 ff. Windscheid (-Kipp) Bd. 1, § 121 S. 602, definiert die Rechtsausübung als die Verwirklichung des dem Rechte entsprechenden Zustandes.

Von der Rechtsausübung ist die Geltendmachung des Rechts zu unterscheiden. Sie ist „die zur Erreichung eines rechtlichen Erfolges vorgebrachte Behauptung des Bestehens eines Rechtes". v. Tuhr, Allg. Teil Bd. III § 92, S. 547. Rechtsausübung und Geltendmachung des Rechts werden aber oft ohne Unterscheidung gebraucht.

[125]) Die neuere Theorie spricht von Macht oder Befugnis. Vgl. Enneccerus-Nipperdey, § 65 S. 197 f.; Stoll, Vertrag und Unrecht, § 52 S. 205.

[126]) Vom Standpunkt seines Zweckes betrachtet, ist das subjektive Recht „ein Mittel zur Befriedigung menschlicher Interessen", Enneccerus-Nipperdey, § 65 S. 198.

[127]) Vgl. v. Tuhr, Allg. Teil Bd. III, § 92 S. 548.

[128]) Vgl. Siebert, JW. 1937, S. 2496, wo die Möglichkeit der Trennung von Recht und Rechtsausübung verneint wird.

[129]) Ebenso wenn man mit Jhering das Recht als das rechtlich geschützte Interesse auffaßt, da man behaupten kann, daß keine Rede vom Recht sein kann, soweit keine Ausübung möglich ist, d. h. kein Schutz gewährt wird.

gibt keine Macht und infolgedessen kein Recht, wenn sie nicht durchgesetzt werden kann. Folgerichtig ist eine Trennung zwischen Rechtsausübung und Recht nicht denkbar. Beschränkung der Rechtsausübung bedeutet Beschränkung des Rechtsinhalts, des subjektiven Rechts selbst.[130]

Eine solche Auffassung widerspricht dem praktischen Leben und dem positiven Recht. Sie führt zu Ergebnissen, die unhaltbar sind.[131]

Gegen die Meinung, daß Recht und Rechtsausübung untrennbar sind (und daß infolgedessen Beschränkung der Rechtsausübung Beschränkung des Rechts selbst ist), läßt sich folgendes einwenden:

1. Das Gesetz erkennt eine Trennung der Rechtsausübung vom Recht ausdrücklich an, z. B. § 226 BGB, Schikaneverbot,[132] § 1059 BGB, Übertragbarkeit der Ausübung, nicht des Nießbrauches selbst, § 1092 BGB, keine Übertragbarkeit der beschränkten persönlichen Dienstbarkeit, dagegen Überlassung ihrer Ausübung möglich.

2. Nach dieser Auffassung müssen wir annehmen, daß das Recht nur soweit als bestehend gelten soll, wie sein ihm entsprechender Zustand verwirklicht werden kann, d. h. soweit es ausgeübt werden kann.

Es ist aber allgemein anerkannt, daß das Recht grundsätzlich besteht, ohne daß es überhaupt zur Ausübung kommen kann.[133]

3. Gegen diese Auffassung spricht der in unserem Recht anerkannte Grundsatz, daß der Berechtigte die Ausübung seines Rechtes grundsätzlich Dritten überlassen, auf sie verzichten, allgemein über sie verfügen kann.[134]

Gegen die weitere Behauptung, daß die Beschränkung der Rechtsausübung eine Beschränkung des Inhalts des Rechts selbst bedeutet, ist außer den oben angeführten Argumenten auch folgendes einzuwenden:[135]

1. Es ist nicht zu bestreiten, daß durch einen schuldrechtlichen Vertrag die Rechtsausübung beschränkt werden kann. Das Recht

---

[130]) Vgl. H. Stoll, Vertrag und Unrecht, § 52, S. 209 f. „Gemeinschaftsdenken dagegen verbindet mit jedem Recht Pflichten zum Wohl der Gemeinschaft. Hier werden die Schranken der Rechtsausübung zu Begrenzungen des Rechtsinhalts selbst."

[131]) So müßten wir annehmen, daß das Recht bei einer vorübergehenden Hinderung seiner Ausübung untergeht. Eine Grunddienstbarkeit z. B. müßte bei vorübergehender Überschwemmung des Grundstücks als untergegangen gelten. Vgl. Regelsberger, Pandekten, § 54 S. 229.

[132]) Dagegen Kipp zu Windscheid, Lehrbuch, Bd. 1 § 121, S. 603, nimmt an, daß die genauere Auffassung die sein dürfte, daß die Rechte selbst, nicht bloß ihre Ausübung durch das Schikaneverbot beschränkt sind.

[133]) Alle Rechte gegen unvermögende Schuldner sollen also als nicht bestehend gelten, da sie wegen Mangels am Vermögen nicht verwirklicht werden können. Vgl. auch oben Anmerkung 131.

[134]) Vgl. v. Tuhr, Allg. Teil Bd. III § 92, S. 551 und 553.

[135]) Über die Möglichkeit einer Beschränkung der Rechtsausübung vgl. auch v. Tuhr, Allg. Teil Bd. III § 93, S. 558 ff.

selbst bleibt bestehen, der Vertrag gewährt dem Berechtigten gegen eine vertragswidrige Rechtsausübung eine Einrede.[136]

2. Gegen diese Auffassung sprechen auch die Fälle der betagten Forderungen.[137] Das Recht ist entstanden, es kann aber nicht ausgeübt werden, bevor ein bestimmter Termin eintritt. Ähnlich bei den gestundeten Forderungen.[138]

3. Gegen diese Auffassung könnte man nicht ohne Recht auch die sog. unvollkommenen Verbindlichkeiten (Naturalobligationen) anführen. In diesen Fällen versagt die Klage bzw. wird eine Einrede gegeben, und infolgedessen ist die Verwirklichung des Rechts durch Zwangsvollstreckung unmöglich. Da diese Forderungen als wahre Forderungen anerkannt werden, ist nicht unbegründet hier von einem Sonderfall der Beschränkung der Rechtsausübung zu sprechen.[139]

Diese Argumente, die nicht nur für die Beschränkung der Rechtsausübung, sondern überhaupt für die Möglichkeit der Trennung von Recht und Rechtsausübung gelten, beweisen, daß eine Trennung von Recht und Rechtsausübung sowie eine Beschränkung letzterer ohne gleichzeitige Beschränkung des Rechtsinhalts, praktisch möglich und positivrechtlich anerkannt ist.

III. Eine wichtige Beschränkung der Ausübung der Rechte stellt § 242 BGB dar.[140]

Der Treu- und Glaubensgedanke findet in der Ausübung der Rechte ein fruchtbares Anwendungsgebiet. Er beherrscht sie und gestaltet sie durch Milderung der Härten, die mit der Verwirklichung der Rechte verbunden sind.

Wie schon erwähnt, bestimmt Treu und Glauben nicht nur das Wie, sondern auch das Wann der Rechtsausübung. So ist mit Treu und Glauben unter besonderen Umständen unvereinbar, daß der Gläubiger die Rechtsausübung über eine bestimmte Zeit hinaus grundlos verzögert. Es ist grundsätzlich nicht zu billigen, daß der Gläubiger die Rechtsausübung nach Willkür aussetzen kann.

Dieser Gedankengang führt zu der Annahme einer zeitlichen Beschränkung der Rechtsausübung auf Grund des Treu- und Glaubensgedankens.[141] Eine grundlose Verzögerung über diese Schranken hinaus berechtigt zu dem Einwand der verspäteten Geltendmachung. Die Rechtsausübung ist unzulässig, das Recht selbst aber bleibt bestehen.

---

136) Vgl. Kipp zu Windscheid, Bd. 2 § 357, S. 527; Planck-Siber, Kommentar, Bd. II, zu § 397 1 b, S. 543; v. Tuhr, Allg. Teil Bd. III § 93, S. 560 f.

137) Vgl. Enneccerus-Nipperdey, § 186, S. 607. 3.

138) Vgl. P. Knoke, HWRechtsW., Bd. V, 1928, S. 822, Art. Stundung.

139) Über die zwei letzteren Fälle unter Ziffern 2 und 3 vgl. v. Tuhr, Allg. Teil, Bd. III § 93, S. 559.

140) Über die Beschränkung der Rechtsausübung allgemein vgl. Enneccerus-Nippendey, § 220, S. 726 ff.; v. Tuhr, Allg. Teil, Bd. III § 93, S. 558 ff.

141) Vgl. über die nach Treu und Glauben zeitliche Beschränkung des Rücktrittsrechts v. Tuhr, Allg. Teil, Bd. III § 93, S. 563 Note 20; weiter Bd. II § 53, Note 74 S. 217.

Der Gedanke der nach Treu und Glauben zeitlichen Beschränkung der Rechtsausübung ist der Verwirkungsgedanke, der durch das Rechtsinstitut der Verwirkung im Rechtsleben zum Ausdruck kommt.

IV. Die Verwirkung findet ihre Daseinsberechtigung hauptsächlich in der Starrheit, die in der gesetzlichen Regelung der zeitlichen Schranken der subjektiven Rechte herrscht. Es ist dringend nötig, den Treu- und Glaubensgedanken auf diesem Gebiet wirken zu lassen. Verjährung und Ausschlußfristen sind aus ihren besonderen Zwecken nicht geeignet, den Treu- und Glaubensgedanken aufzunehmen.

Zweck der Verwirkung ist, durch zeitliche Beschränkung die Berücksichtigung des Treu- und Glaubensgedankens bei der Rechtsausübung zu ermöglichen und aufzuzwingen.

Die Verwirkung ist für das Wirtschaftsleben von großer Bedeutung. Sie schützt die einzelnen Personen sowie die Volksgemeinschaft gegen Schäden, die aus einer Verspätung der Ausübung von Rechten entstehen können. Als Beispiele sind die Verwirkungsfälle auf dem Gebiet des gewerblichen Rechtsschutzes zu erwähnen. Es ist grundsätzlich ungerecht, unbillig und schädlich für die Privatpersonen und die Volksgemeinschaft, ein großes Unternehmen, welches auf einem fremden Zeichen aufgebaut ist, zu vernichten, trotzdem die rechtzeitige Ausübung des verletzten Zeichenrechts die Schäden verhindern konnte.

V. Die Furcht, daß die Verwirkung zu einer Verweichlichung des Rechtsdenkens führt, daß sie Unsicherheit und Willkür in unsere Rechtsordnung einführt und deswegen abzulehnen ist, ist nicht begründet.

Die Anerkennung der Verwirkung bedeutet keine Schaffung einer neuen Generalklausel mit den sie begleitenden Nachteilen,[142] sie ist keine „Flucht in eine Generalklausel“. Denn sie ist die Ausdehnung eines allgemein herrschenden Gedankens auf ein neues Gebiet, sie bedeutet die Erschließung eines Teils unserer Rechtsordnung, nämlich der Rechtsausübung, dem Treu- und Glaubensgedanken. Sie führt Treu und Glauben in die gesetzliche Regelung der Rechtswirkungen der Zeit ein.

Die Verwirkung als Ausfluß eines geltenden allgemeinen Rechtsgedankens ist zwar eine Teilerscheinung einer schon anerkannten Generalklausel (§ 242), sie kann aber keine Verweichlichung des Rechtsdenkens verursachen, da sie nur in Ausnahmefällen gelten soll.

Was die Unsicherheit[143] und die Willkür anbelangt, die die Anerkennung der Verwirkung mit sich bringt, ist zuzugestehen, daß sie beide in hohem Grad in Erscheinung getreten sind. Dies ist aber nicht auf das Wesen der Verwirkung zurückzuführen, so daß wir deswegen zu einer Verurteilung der Verwirkung schreiten dürfen.

---

[142]) Vgl. darüber Hedemann, Die Flucht in die Generalklauseln, 1938, S. 66 ff.
[143]) Vgl. auch Roquette, JW. 1935, S. 2884 (Anm.).

Sie sind beide hauptsächlich die Begleiterscheinungen jedes neuen Rechtsgedankens, die ihn eine bestimmte Zeit von seinem ersten Durchbruch bis zu seiner Anerkennung im Rechtsleben, und noch weiter bis zu seiner Klärung naturgesetzlich begleiten.

Während der kritischen Zeit des Ringens um die Anerkennung werden Fälle der Verneinung des neuen Rechtsgedankens, der Anerkennung, der teilweisen Verneinung, der Beschränkung seines Geltungsbereichs vorkommen. Gegensätzliche Entscheidungen der Gerichte und unrichtige Erkenntnisse werden nicht fehlen. Mit anderen Worten, es herrscht Unsicherheit und Willkür. Das ist aber nur der äußere Ausdruck des Kampfes des neuen Rechtsgedankens gegen die Überlieferung. Es handelt sich also um ein fundamentales Gesetz der allgemeinen geistigen und infolgedessen der rechtlichen Entwicklung und des Entwicklungsprozesses, und nicht um Mißstände, deren Quelle im Wesen der Verwirkung zu suchen ist.

Die Unsicherheit und Willkür werden dadurch veranlaßt, daß das neue Rechtsinstitut noch nicht ganz klar ist, seine wissenschaftliche Bearbeitung hat noch nicht sein Wesen, seine Voraussetzungen, seine Wirkung, seine Verhältnisse zu den Grundgedanken unserer Rechtsordnung sowie zu den sonstigen anerkannten Rechtsinstituten erschlossen und geklärt.

Es ist also unbegründet und ungerechtfertigt, gegen die Verwirkung mit den Argumenten vorzugehen, daß sie Verweichlichung, Unsicherheit und Willkür in die Rechtsordnung einführt, und sie deswegen verneinen zu wollen.[144]

Die Verwirkung ist vom Rechtsleben anerkannt und deswegen nicht mehr zu verneinen. Die Unsicherheit und Willkür sind zu erklären und werden größtenteils ihr Ende mit dem Fortschritt der wissenschaftlichen Bearbeitung der Verwirkung finden.

Aus den oben widerlegten Gründen, einen neuen Rechtsgedanken ohne weiteres ablehnen zu wollen, bedeutet Verneinung der geistigen und rechtlichen Entwicklung.

§ 14. Die Rechtsgrundlage der Verwirkung.

I. Über die Rechtsgrundlage der Verwirkung herrscht in der Rechtsprechung und im Schrifttum grundsätzlich Übereinstimmung. Als gesetzliche Grundlage der Verwirkung wird der Gedanke von Treu und Glauben, m. a. W. § 242 BGB angenommen.[145]

---

144) Vgl. RGZ. Bd. 118, S. 377.

145) Vgl. Siebert, Verwirkung und Unzulässigkeit, S. 59 und 172; JW. 1932, S. 943; Enneccerus-Nipperdey, § 209, S. 699; Enneccerus-Lehmann, § 4, S. 19; Hedemann, Reichsgericht und Wirtschaftsrecht, 1929, S. 328; G. Heinemann, LZ. 1928, Sp. 936; Warneyer, Deutsche Steuerzeitung 1928, Sp. 356; M. Hamburger, Treu und Glauben im Verkehr, S. 97; Küchenhoff, DJZ. 1930, Sp. 1194; F. Müllereisert, JheringJ. Bd. 85, S. 266; anders früher ZentrBlHR. 1933, S. 97; RGZ. Bd. 134, S. 38 ff (41); RG. JW. 1931, S. 599; RG. JW. 1929, S. 1875 (mit Anm. von Quassowski); Reichswirtschaftsgericht JW. 1933, S. 1048; RAG. JW. 1936, S. 2255; KG. JW. 1937, S. 320.

Die Verwirkung ist als eine nach Treu und Glauben zeitliche Beschränkung der Rechtsausübung aufgefaßt, infolgedessen ist nichts dagegen einzuwenden, daß man § 242 BGB als ihre gesetzliche Grundlage anerkennt. Wenn auf Grund des § 242 BGB angenommen wird, daß Rechte entstehen und untergehen können,[146] ist nicht einzusehen, warum auf Grund desselben Paragraphen die Ausübung der Rechte nicht zeitlich beschränkt werden kann.

§ 242 BGB gilt, wie allgemein anerkannt wird, nicht nur im Schuldrecht. Sein Geltungsbereich ist viel breiter. Der Gedanke, den er in die Rechtsordnung einführt, der Treu- und Glaubensgedanke, ist ein allgemein geltender Grundsatz unseres gesamten Rechts.[147]

So findet die Verwirkung im § 242 eine gesetzliche Grundlage, die ihrem Wesen entspricht und ihre allgemeine Anerkennung in der Rechtsordnung begründen kann. Denn die nach Treu und Glauben zeitliche Beschränkung der Ausübung der subjektiven Rechte ist ein Rechtsinstitut, welches allgemeine Geltung und Anerkennung in unserem Rechtsleben beansprucht und errungen hat.

II. Die Rechtsgrundlage einer zeitlichen Beschränkung der Rechtsausübung kann verschiedenartig sein.

1. Sie kann ein Rechtsgeschäft sein. Es kann durch Rechtsgeschäft, besonders durch Vertrag verfügt werden, daß die Ausübung von Rechten, die erst aus dem Rechtsgeschäft entstehen oder schon vorhanden sind, nur innerhalb bestimmter Zeit stattfinden soll. Nach Ablauf dieser Frist soll die Rechtsausübung ausgeschlossen sein.

2. Sie kann das Gesetz selbst sein. Es kommen Fälle vor, wo das Gesetz ausdrücklich eine zeitliche Beschränkung der Rechtsausübung anordnet, z. B. die Verjährungsvorschriften des BGB.

3. Es kann schließlich eine zeitliche Beschränkung der Rechtsausübung durch den Treu- und Glaubensgedanken begründet werden.[148] Das ist der Fall der Verwirkung.

Die Folgen der Nichtberücksichtigung der Frist ist die Unzulässigkeit der nachträglichen Rechtsausübung.

Es dürfte hier auch die zeitliche Beschränkung der Ausübung des Rechts, die auf seine Natur zurückzuführen ist, erwähnt werden. Z. B. der Kapellmeister ist nach dem Dienstvertrag verpflichtet, bis 3 Uhr morgens mit seinem Orchester im Lokal des Wirtes zu spielen. Sind aber von 2 Uhr ab keine Gäste mehr da und es besteht keine Möglichkeit, daß neue kommen, dann ist grundsätzlich anzunehmen, daß der Wirt vom Kapellmeister nicht verlangen kann, bis 3 Uhr dazubleiben und vor leeren Stühlen zu spielen.Die Rechte des Wirtes aus dem Dienstvertrag sind ihrer Natur nach in der Ausübung zeit-

---

146) Staudinger-Werner, Kommentar, Bd. 2, Recht der Schuldverhältnisse, 9. Aufl., III zu § 242, S. 32 und 34; II 1 zu § 242, S. 30; vgl. auch 2 zu § 355, S. 631.

147) Enneccerus-Nipperdey, § 208, S. 696; RGZ. Bd. 71, S. 432 ff. (436).

148) Vgl. auch RGZ. Bd. 142, S. 275; RG. Recht 1924, Nr. 625, Sp. 212.

lich beschränkt.[149] Als zweites Beispiel könnte das Rücktrittsrecht auf Grund einer Kriegsklausel erwähnt werden. Ist eine Frist für die Ausübung des Rücktrittsrechts aus dem Vertrag nicht zu entnehmen, so soll eine angemessene kurze Frist angenommen werden, da die Natur des Rücktrittsrechts aus einer Kriegsklausel grundsätzlich keine Verzögerung verträgt.[150]

III. Es könnte vielleicht behauptet werden, daß die Verwirkung rechtlich auf ein Gewohnheitsrecht zu stützen sei. Durch lange Übung sei die Rechtsüberzeugung des Volkes über die Verwirkung, die sog. opinio necessitatis zum Ausdruck gekommen.

Diese Meinung soll daran scheitern, daß bei der Verwirkung nicht von einer gleichförmigen Übung gesprochen werden kann.[151]

Sowohl in der Wissenschaft wie auch in der Rechtsprechung herrschen über die Verwirkung große Meinungsverschiedenheiten. Die Geltung der Verwirkung, ihre Voraussetzungen, ihr Geltungsbereich, ihre Wirkungen usw. sind in der Wissenschaft lebhaft bestritten. Die gleiche Verwirrung ist auch bei der Rechtsprechung festzustellen.

Bei einer solchen Sach- und Rechtslage kann nicht behauptet werden, daß ein Rechtsgeltungswille gebildet ist, und infolgedessen ist die rechtliche Begründung der Verwirkung durch ein Gewohnheitsrecht (bzw. Gerichtsgebrauch) nicht möglich.

IV. Die Verwirkung hat im § 242 BGB eine feste gesetzliche Grundlage gefunden, die ihrem Wesen, ihren Wirkungen und ihrem Zweck vollkommen gerecht wird. Die rechtliche Begründung der Verwirkung auf § 242 ist keine Verlegenheitslösung, die in der Not, einen neuen Rechtsgedanken rechtlich zu begründen, erfunden ist.

Deswegen ist vom Standpunkt der Gesetzgebungspolitik zu sagen, daß ein Eingreifen des Gesetzgebers in das Verwirkungsproblem m. E. nicht nötig ist. Die Verwirkung braucht nicht die Hilfe des Gesetzgebers, um ihre Wirkung erfolgreich zu entwickeln und die Lebensbedürfnisse zu befriedigen, die sie ins Leben gerufen haben. Die Festigkeit, welche die Rechtssicherheit von einem Rechtsinstitut verlangt, wird die Verwirkung durch die Wissenschaft erhalten. Dies ist vielleicht in unserem Fall die bessere Methode, um das neue Recht den Lebensbedürfnissen anzupassen.[152]

V. Aus den Gesetzbüchern und Gesetzentwürfen, die nach der Schaffung des BGB entstanden sind, tritt deutlich die Neigung des

---

149) Der Fall zeigt, daß es einen wirklichen Rechtsmißbrauch geben kann, und es infolgedessen nicht richtig ist, nur von einer Rechtsüberschreitung zu sprechen. Oder sollen wir hier mit Siebert eine nach Treu und Glauben inhaltliche Begrenzung des Rechts annehmen?

150) Über die Umtauschklausel vgl. P. Oertmann, Seufferts Blätter 1906, S. 700; ferner OLG. Dresden, OLGRspr. Bd. 8, S. 56; OLG. Celle, OLGRspr. Bd. 20, S. 166.

151) Vgl. auch de Boor, JW. 1933, S. 2276 (Anm.).

152) Fr. Klausing, JW. 1935, S. 1841 f. (1842) Anm., ist der Meinung, daß bei der Reform des bürgerlichen Rechts die Verwirkung als eigenes Rechtsinstitut neben der Verjährung und der Verschweigung anerkannt werden soll. Sie ist als ein Unter- oder Sonderfall zu den Bestimmungen über die „Schranken der Rechtsausübung“ einzuordnen.

Gesetzgebers hervor, der Rechtsausübung ausdrücklich gesetzliche Schranken zu setzen.

Die auf Grund des § 242 BGB im deutschen Recht anerkannte Beschränkung der Rechtsausübung durch den Treu- und Glaubensgedanken wird im schweizerischen Zivilgesetzbuch konkreter ausgedrückt: „Jedermann hat in der Ausübung seiner Rechte und in der Erfüllung seiner Pflichten nach Treu und Glauben zu handeln. Der offenbare Mißbrauch eines Rechtes findet keinen Rechtsschutz." Art. 2 schweiz. ZGB.

Der später entstandene Entwurf, Projet de Code des obligations et des contrats. 1928, gibt dem Beschädigten einen Schadenersatzanspruch gegen denjenigen, welcher den Schaden angerichtet hat „en excédant, dans l'exercise de son droit, les limites fixées par la bonne foi ou par le but en veu duquel ce droit lui a été conféré."

Neuerdings bestimmt der griechische Entwurf eines bürgerlichen Gesetzbuches, daß die Rechtsausübung nicht geschützt wird, soweit sie offensichtig die von dem guten Glauben, der guten Sitten und dem Zweck, für den das Recht verliehen wurde, gesetzten Schranken überschreitet.[153] Der griechische Entwurf erklärt nach dem Beispiel des schweizerischen ZGB. die Rechtsausübung als unzulässig und beschränkt sie durch den Treu- und Glaubensgedanken, die guten Sitten und den Zweck des Rechts.

Die Verwirkung als eine zeitliche Beschränkung der Rechtsausübung nach Treu und Glauben findet in dem schweizerischen ZGB und dem griechischen Entwurf eines BGB eine konkretere Rechtsgrundlage.

§ 15. Der Tatbestand der Verwirkung.

I. Die großen Meinungsverschiedenheiten, die besonders auf dem Gebiet des Tatbestandes der Verwirkung in der Wissenschaft und Praxis bestehen, sind grundsätzlich darauf zurückzuführen, daß die Verwirkung dogmatisch verschieden aufgefaßt wird. Die Meinungsstreitigkeiten über den Begriff der Verwirkung haben zu einer unerträglichen Verwirrung über den Tatbestand der Verwirkung geführt.

Trotz der Verschiedenheit der Rechtsverhältnisse, auf welche die Verwirkung Anwendung findet, läßt sich ihr Tatbestand deutlich erkennen. Ihre Tatbestandselemente sind in allen Fällen die gleichen, so daß eine Sonderdarstellung nach Rechtsgebieten ungerechtfertigt erscheint.[154]

---

[153]) Allgemeine Lehren, 1936, Art. 6, S. 269, siehe auch S. 78.

[154]) Die von H. Krause in seinem Buch „Schweigen im Rechtsverkehr" unternommene Darstellung des Verwirkungstatbestandes auf Grund der Art des verwirkten Rechtes ist nicht begründet. Krause unterscheidet den Tatbestand bei der

Es ist hier zu betonen, daß man nicht die Voraussetzungen der Verwirkung mit denjenigen der verwirkenden Rechte verwechseln darf.

II. Aus dem Begriff der Verwirkung als eine zeitliche Beschränkung der Rechtsausübung sind ihre Tatbestandselemente leicht zu entnehmen.[155] Sie sind folgende:

a) Ein Recht. Die Verwirkung setzt das Vorhandensein eines Rechts voraus. Wir können nicht von einer Beschränkung der Rechtsausübung, infolgedessen nicht von Verwirkung sprechen, wenn nicht ein Recht besteht. Ob das Recht bestritten ist, ist grundsätzlich ohne Bedeutung.[156]

Das Recht muß in seiner Ausübung ungehindert sein. So z. B. können die Rechte nicht verwirken, deren Durchsetzbarkeit durch Vereinbarung der Parteien ausgeschlossen ist.

Das Recht als solches soll in der Rechtsordnung anerkannt sein. Man kann grundsätzlich nicht verlangen, daß die Ausübung eines Rechts unternommen wird, dessen Anerkennung von der Rechtsordnung nicht feststeht. Infolgedessen ist es nicht möglich, von Verwirkung dieses Rechts zu sprechen. Der Fall ist praktisch, wenn ein Recht durch die Rechtsprechung anerkannt wird, z. B. das Aufwertungsrecht. Die Verwirkung kann nur von dem Zeitpunkt der allgemeinen Anerkennung des Rechts beginnen.[157]

b) Zeitablauf. Das zweite Tatbestandselement der Verwirkung ist der Ablauf eines gewissen Zeitraumes, während dessen das Recht nicht ausgeübt wird.[158]

Die Zeit, nach deren Ablauf die Verwirkung eintritt, ist nicht fest zu bestimmen. Sie ist im einzelnen Fall unter Berücksichtigung der gesamten Umstände nach Treu und Glauben festzustellen.

Eine starre, allgemein bestimmte Frist wäre mit der Natur und den Sonderzwecken der Verwirkung unvereinbar. Die Verwirkung ist entstanden, um Ausnahmefälle zu regeln und kann ihre Aufgaben erfüllen, wenn sie von jeder Starrheit befreit ist.

Für die Bestimmung der Zeitlänge sind die zwei anderen Tatbestandselemente der Verwirkung, nämlich die Art des verwirkenden Rechtes und die unter Ziffer 3 zu erwähnenden besonderen Umstände, von besonderer Bedeutung.[159]

Verwirkung von vertraglichen Ansprüchen, bei der Verwirkung von Gestaltungsrechten und bei der Verwirkung von Ansprüchen aus absoluten Rechten. Diese Unterscheidung hat nach Siebert, Verwirkung und Unzulässigkeit, S. 250 f., nur einen verdeutlichenden Wert.

155) Über den Tatbestand der Verwirkung vgl. auch Siebert, Verwirkung und Unzulässigkeit, S. 173 f.

156) Vgl. RG. JW. 1929, S. 763. Verwirkung kann auch während des Ruhens eines Rechtsstreites eintreten.

157) Vgl. auch RAG. Bensh. Samml. Bd. 16, S. 125; Bensh. Samml. Bd. 12, S. 231.

158) Die Verwirkung ist ausgeschlossen, falls der unbetätigte Zeitablauf (die Nichtausübung des Rechtes) auf den Verpflichteten (Verletzer) zurückzuführen ist. Vgl. RG. MuW. 1930, S. 124 f.

159) Vgl. auch Siebert, HWRechtsW. Bd. VIII, Verwirkung, S. 767.

c) Besondere Umstände, die die Rechtsausübung als verspätet erscheinen lassen. Man könnte die besonderen Umstände als diejenigen Umstände bezeichnen, deren Vorhandensein die jetzige Rechtsausübung nach Treu und Glauben als verspätet darstellen.[160]

Die besonderen Umstände sind sehr verschieden. Ihre Zahl ist unbeschränkt, da immer neue zur Geltung kommen können. Die Aufstellung, die Siebert vornimmt,[161] bedeutet eine Zusammenstellung der in der Praxis vorgekommenen Fälle.

Eine Betrachtung und Untersuchung der von der Rechtsprechung entschiedenen Verwirkungsfälle und der bei ihnen vorgekommenen „besonderen Umstände" führt zu dem Ergebnis, daß eine Zusammenfassung letzterer nach inneren Merkmalen unmöglich ist. Es ist immer im einzelnen Fall unter Berücksichtigung aller Umstände zu bestimmen, ob ein „besonderer Umstand" vorliegt, welcher die Rechtsausübung als nach Treu und Glauben verspätet darstellt. Der gleiche Umstand kann in zwei grundsätzlich gleichen Fällen zu verschiedenen Ergebnissen führen.

Es ist aber doch von praktischer Bedeutung zu versuchen, aus den typischen, immer wieder in der Praxis vorkommenden Verwirkungsfällen, die „besonderen Umstände" zu gewinnen und darzustellen. Als solche könnte man folgende bezeichnen:

1. Ein Schaden, der durch die jetzige Rechtsausübung dem Verpflichteten entstehen würde und der durch die frühere Rechtsausübung vermieden werden könnte,

Einen Unterfall bildet die Zerstörung eines mit Mühe und Kosten erworbenen wertvollen Besitzstandes. (Ein typischer Fall im gewerblichen Rechtsschutz.)[162]

Als ein zweiter Unterfall könnte hier die Gefährdung der wirtschaftlichen Existenz des Verpflichten erwähnt werden. Dies kommt typisch im Arbeitsrecht vor, wo die nachträgliche Geltendmachung des Anspruchs auf tariflichen Lohn in der Regel als eine Gefährdung des Unternehmens und damit der wirtschaftlichen Existenz des Unternehmers und seiner Arbeiter gelten soll.

Als dritter Unterfall könnte der Schaden angeführt werden, der durch eine Verwechslung eintreten kann, z. B. der Schaden, der dadurch entstehen kann, daß ein bis jetzt nicht gebrauchtes Warenzeichen jetzt benutzt wird und so mit einem duchgesetzten aber nicht eingetragenen Zeichen verwechselt werden kann.

---

160) Siebert, Verwirkung und Unzulässigkeit, S. 251, bezeichnet die besonderen Umstände als diejenigen, deren billige Berücksichtigung eine frühere Ausübung des Rechts verlangt hätte.

161) Siebert a.a.O. S. 251 f.; HWRechtsW. Bd. VIII, Verwirkung, S. 770; vgl. auch Tegtmeyer, ArchCivPr. Bd. 142, S. 230 f.

162) Die Verwirkung wurde in den folgenden Fällen abgelehnt, da kein „wertvoller Besitzstand" geschaffen war. RG. JW. 1933, S. 1523 (Nordsee Entsch.); S. 2132; RG. JW. 1932, S. 1850 (Marienbader Entsch.); GRUR. 1932, S. 467.

2. Ein lästiger Schwebezustand, der durch rücksichtsvolle Rechtsausübung vermieden werden könnte. Er kommt vor z. B. beim Kündigungsrecht eines Dienstverhältnisses, bei den Rechten aus § 326 BGB.

3. Ein außerordentliches Recht bzw. ein außerordentlicher Rechtsbehelf, soweit man überhaupt von einem außerordentlichen Recht bzw. Rechtsbehelf zu sprechen berechtigt ist, z. B. das Aufwertungsrecht, das Rücktrittsrecht aus einer Kriegsklausel. Es wäre besser, hier von außerordentlichen Wirtschafts- und Rechtsverhältnissen zu sprechen.

4. Eine Pflicht zum Handeln, soweit keine andere Sanktion vorgesehen ist, z. B. die (in Ausnahmefällen anzuerkennende) Pflicht zum Handeln, falls ein Recht bestritten wird; die Pflicht zum Handeln, die aus persönlichen (zwischen Verwandten) oder rechtlichen (geschäftliche Verbindung) Beziehungen entstehen kann.

5. Ein dauerndes Verhalten des Rechtsinhabers, welches auf eine endgültige bzw. bestimmte Gestaltung eines Rechtsverhältnisses deutet, z. B. ein Verhalten, welches auf eine bestimmte Auslegung eines Vertrages deutet.[163]

6. Ein dauerndes Verhalten des Verpflichteten (Schuldners), welches den Zweck des Rechts (des Gläubigers) aufhebt, z. B. die durch lange Zeit bewiesene Besserung und Zuverlässigkeit des Dienstverpflichteten hebt den Zweck auf, für den dem Dienstberechtigten das Recht zur fristlosen Kündigung des Dienstverhältnisses wegen Verschuldens des Dienstverpflichteten gewährt wird.[164]

Obige Aufstellung der „besonderen Umstände“ stellt selbstverständlich keinen Anspruch auf Vollständigkeit.

Die verschiedenen, in der Praxis vorkommenden Verwirkungstatbestände können einen oder mehrere „besondere Umstände“ aufweisen, sowie sich unter einen oder mehrere subsumieren lassen.

III. Aus den obigen Ausführungen geht hervor, daß der Zeitablauf für die Verwirkung die Bedeutung eines Tatbestandselementes besitzt und allein nicht vermag, sie zu begründen. Das ist ein viel wiederholter Grundsatz, der allgemeine Anerkennung gefunden hat.[165]

Ein Verschulden des Erwirkenden (Verletzers, Schuldners), sowie die Kenntnis des Verwirkenden (Verletzten, Gläubigers) von dem Bestehen oder der Verletzung seines Rechtes sind keine Tat-

---

163) Vgl. RGZ. Bd. 144, S. 90 ff.

164) Vgl. RAG. Bensh. Samml. Bd. 9, S. 393.

165) Vgl. RGZ. Bd. 127, S. 321 ff. (323); RG. JW. 1935, S. 2490 f.; RG. JW. 1930, S. 1501, S, 2402; RG. JW. 1929, S. 1877, S. 1741; RG. GRUR. 1930, S. 538; RAG. Bensh. Samml. Bd. 5, S. 456 ff.; H. Stoll, JW. 1930, S. 2447, 1 (Anm.).

bestandselemente der Verwirkung.[166] Sie haben für sie keine unmittelbare Bedeutung, denn sie können nur bei der Wertung des Verhaltens der betreffenden Person eine Rolle spielen.

Ein Verschulden muß bei der Interessenabwägung berücksichtigt werden. Es kann sie günstig oder ungünstig für die eine oder andere Partei beeinflussen.[167]

Allgemein ist zu sagen, daß bei der Verwirkung subjektive Elemente eine mittelbare Rolle spielen, indem sie bei der Interessenabwägung mitberücksichtigt werden müssen.

Aus den Ausführungen über den Verwirkungstatbestand ist auch zu entnehmen, daß eine Pflicht zum Handeln kein erforderliches Tatbestandselement der Verwirkung ist.[168] Eine solche Pflicht kann aber, soweit keine andere Sanktion vorgesehen ist, den „besonderen Umstand“ bilden, der mit den anderen Voraussetzungen die Verwirkung herbeiführt.

§ 16. Die Rechtsfolgen der Verwirkung.

I. Die Rechtswirkungen der Verwirkung sind aus ihrem Begriff und Wesen zu entnehmen.

Durch die Verwirkung wird die Rechtsausübung nach Treu und Glauben zeitlich beschränkt, so daß die jetzige Ausübung im einzelnen Falle wegen Ablaufs des dafür bestimmten Zeitraumes unzulässig ist. Die jetzige Ausübung des Rechts ist in concreto verspätet. Die Verwirkung läßt also das Recht selbst seinem ganzen Inhalt nach bestehen.[169]

Das verwirkte Recht ist auf dem Gebiet des gewerblichen Rechtsschutzes grundsätzlich auch dann undurchsetzbar, wenn der Verletzer durch Benutzung z. B. des fremden Zeichens seine Arbeitstätigkeit erweitert und sein Unternehmen vergrößert.

---

[166]) Vgl. RG. JW. 1933, S. 53 ff.; RG. JW. 1932, S. 1850 (Marienbader Entsch.); GRUR. 1932, S. 467 (Naftalan Entsch.); Siebert, JW. 1932, S. 943; Krause, Schweigen usw., S. 199 ff.; Dänzer-Vanotti, Arbeitsrecht-Kartei, Verwirkung.

[167]) Vgl. auch Siebert, Verwirkung und Unzulässigkeit, S. 174.

[168]) Krause, Schweigen im Rechtsverkehr, S. 178, meint dagegen, „daß ohne eine besondere Veranlassung zum Handeln ein Recht nie verwirkt werden kann“. Vgl. auch S. 176 f.

[169]) Krause, Schweigen im Rechtsverkehr, S. 215, nimmt eine Hinderung der Geltendmachung des Rechts an; siehe auch S. 211 f.; weiter DJZ. 1934, Sp. 1516. Über das Bestehenbleiben des verwirkten Rechts äußern sich viele. Vgl. Enneccerus-Lehmann, § 4 II 5, S. 19: „Aus Treu und Glauben kann sich unter Umständen auch eine Verwirkung des Anspruchs ergeben, d. h. die Unzulässigkeit, einen an sich bestehenden Anspruch wegen des vorhergegangenen eigenen Verhaltens des Gläubigers noch geltend zu machen.“ Müllereisert, JheringsJ. Bd. 85, S. 271, vertritt die Meinung, daß die Verwirkung den Schuldner von seiner Haftung befreit, läßt aber das Recht selber bestehen. Vgl. auch Staudinger-Werner, Kom. Bd. II, Recht der Schuldverhältnisse, 9. Aufl., Einl. C VI vor § 362, S. 656 f.; Küchenhoff, DJZ. 1930, Sp. 1196; de Boor, JW. 1933, S. 2278 (Anm.): „Er (der Anspruch) darf nur nach der gegenwärtigen Lage nicht im Prozesse geltend gemacht werden.“

Die Meinung, die behauptet, daß der Verletzer das Zeichen nur in seinem bisherigen Umfange (bis zur Zeit des Vorgehens des Verletzten) weiterführen darf,[170] soll nur in besonderen krassen Fällen Anwendung finden, und zwar, wenn die Erweiterung des Arbeitskreises des Verletzers nicht durch eigene Mühe, Kosten und Tätigkeit, sondern durch Ausnutzung der Arbeit des verletzten Zeicheninhabers erreicht wird.

Es ist unzweckmäßig, unpraktisch und unbillig und verstößt gegen die Interessen der Gemeinschaft, ein Unternehmen, welches durch eigene Kraft und Arbeit erweitert werden kann, in seiner Entwicklung zu hindern und es auf einen bestimmten begrenzten Arbeitskreis zu beschränken. Außerdem ist praktisch eine solche Beschränkung undurchführbar. Wie soll die Kontrolle durchgeführt werden?

Die Meinung, die die Beschränkung vertritt, führt mittelbar zur Vereitelung eines der Hauptzwecke der Verwirkung, nämlich der Vermeidung der Vernichtung von wirtschaftlichen Werten. Denn jeder Unternehmer wird geneigt sein, sein Unternehmen aufzugeben, wenn er weiß, daß er es nicht weiter entwickeln darf.

Das gleiche soll grundsätzlich und gegen die Meinung gelten, die behauptet, daß der verletzte Zeicheninhaber das Zeichen nur in seinem bisherigen Umfange weiterhin führen darf.[171] Außerdem ist letztere Meinung mit unserer Auffassung der Verwirkung als zeitliche Beschränkung der Rechtsausübung unvereinbar.

Handelt es sich um ein unbenutztes Zeichen (Vorratszeichen, Abwehrzeichen), so ist anzunehmen, daß der verwirkende Zeicheninhaber nicht mehr berechtigt ist, sein Recht durchzusetzen, d. h. das Zeichen überhaupt zu benutzen.[172]

Die Verwirkung kann in bestimmten Fällen zu Ergebnissen führen, die praktisch das Recht als untergegangen darstellen.[173] Letzteres kommt z. B. vor bei der Verwirkung des Rechts zur fristlosen Kündigung (§ 626 BGB), des Rücktrittsrechts usw.

Die Verwirkung trifft die einzelnen Rechte.[174] Die Frage, ob auch ein Rechtsverhältnis als Ganzes der Verwirkung unterliegt, ist zu bejahen. Wann dies vorkommt, ist aus den gesamten Umständen im einzelnen Falle zu entnehmen. Im Zweifel soll die mildere Auffassung den Vorzug haben, nämlich, daß nur das einzelne Recht verwirkt ist.

Daß es theoretisch nicht ganz richtig ist, von der Verwirkung als einem Ausübungshindernis zu sprechen, leuchtet ein. Die Ver-

---

170) Vgl. E. Reimer, Wettbewerbs- und Warenzeichenrecht, S. 175 f., der auch Ausnahmen anerkennt.

171) Vgl. Krause, Schweigen usw., S. 203.

172) Zum gleichen Ergebnis kommt auch Krause a.a.O. S. 203.

173) Vgl. auch Krause, Schweigen usw., S. 213. Siebert, HWRechtsW. Bd. VIII, Verwirkung, S. 770, 4.

174) Vgl. KG. MuW. 1932, S. 248 f. (Verwirkung des Schadenersatzanspruchs, aber nicht des Unterlassungsanspruchs).

wirkung hindert nicht die Rechtsausübung, sondern beschränkt sie zeitlich. Das Recht kann nicht verwirklicht werden, nicht weil ein Hindernis ihm den Weg sperrt, sondern weil es nicht rechtzeitig ausgeübt wurde.

Durch die Verwirkung wird die Ausübung des Rechts allgemein beschränkt. Der Rechtsinhalt kann unter keinen Umständen verwirklicht werden. So z. B. kann das verwirkte Recht nicht zur Aufrechnung benutzt oder als Einrede geltend gemacht werden.

Die Ausübung des verwirkten Rechts ist unzulässig, auch für dritte Personen, wenn letztere ausnahmsweise zur Rechtsausübung berechtigt sind. So z. B. der verwirkte Anspruch des Verletzten gegen den Verletzer auf Unterlassung des unlauteren Wettbewerbs kann auch nicht durch die dritten (nach § 13 UnlWG) Berechtigten geltend gemacht werden. §§ 1, 3, 13 UnlWG.[175]

Es ist selten, daß nachträglich Umstände eintreten können, die das verwirkte Recht nach Treu und Glauben durchführbar machen. Jedenfalls ist die Annahme, daß ein verwirktes Recht nachträglich zur Ausübung kommen kann, grundsätzlich abzulehnen.[176] Die Unzulässigkeit der Rechtsausübung, die durch die Verwirkung eingetreten ist, ist grundsätzlich endgültig. Dafür sprechen neben den theoretischen auch praktische Gründe, nämlich die Sicherheit des Rechtsverkehrs.[177]

II. Die Frage, ob der Einwand der Verwirkung gegen dritte Rechtsnachfolger des Gläubigers geltend gemacht werden kann, ist nach den allgemeinen bei Übertragung von Rechten geltenden Vorschriften zu beantworten. Es soll hier § 404 BGB gelten, wonach die Einwendungen des Schuldners gegen den bisherigen Gläubiger auch gegen den neuen Gläubiger entgegengesetzt werden können.[178] § 404 ist ein Anwendungsfall des allgemeinen (freilich mit wichtiger Ausnahme) geltenden Rechtssatzes, nemo plus juris transferre potest quam habet ipse,[179] so daß dieser allgemeine Rechtsgedanke die Antwort auf unsere Frage gibt.

---

175) Vgl. RGZ. Bd. 127, S. 321 ff. (329); RG. GRUR. 1930, S. 540; Baumbach, Das gesamte Wettbewerbsrecht, S. 109; E. Reimer, GRUR. 1931, S. 467; Wettbewerbs- und Warenzeichenrecht, S. 177. Anders A. Rosenthal, LZ. 1932, Sp. 583; LZ. 1930, Sp. 1217 ff.

176) Vgl. auch Siebert, Verwirkung und Unzulässigkeit, S. 175 und 179.

177) Krause, Schweigen usw., S. 213, meint, daß das verwirkte Recht seine Durchsetzbarkeit wiedergewinnen kann, „wenn die Schranke später fortfällt". Das Beispiel aus dem Wettbewerbsrecht, welches er anführt, nämlich, daß der Verletzte sein Zeichenrecht wiederdurchsetzen kann, wenn der Verletzer den wertvollen Besitzstand verliert, ist damit zu erklären, daß die Verwirkung eine ausnahmsweise in einem bestimmten Fall eintretende zeitliche Beschränkung der Rechtsausübung ist, d. h. soweit eine bestimmte Rechts- und Sachlage vorliegt. Fällt der wertvolle Besitzstand fort, so tritt eine neue Rechts- und Sachlage ein, gegen welche das Recht einschreiten kann. Es kann also im Beispiel Krauses kaum von Wiedergewinnung der Durchsetzbarkeit des verwirkten Rechts gesprochen werden.

Über die Änderung der Lage vgl. den Fall RG. JW. 1931, S. 430 ff. = RGZ. Bd. 129, S. 252 ff. = GRUR. 1930, S. 982 = MuW. 1931, S. 45 ff.

178) Vgl. auch Siebert, Verw. und Unzulässigkeit, S. 175 f.

179) L. 54 D. 50, 17 (Ulpianus).

III. Es kann vorkommen, daß das verwirkte Recht bzw. die ihm entsprechende Verpflichtung einer Mehrheit von Rechtssubjekten zusteht bzw. obliegt. Es entsteht also die Frage, ob die Verwirkung gegen alle wirkt oder nur zwischen denjenigen Rechtssubjekten gelten soll, in deren Rechtsverhältnissen die Verwirkungsvorgänge eingetreten sind. Mit a. W. taucht die Frage auf, ob die Rechtsausübung für alle oder nur in bezug auf bestimmte Rechtssubjekte durch die Verwirkung zeitlich beschränkt wird.

Die Frage ist nicht einheitlich zu beantworten. Um zu einem befriedigenden Ergebnis zu kommen, müssen wir als Grundlage die drei Formen der Verknüpfung der Rechte mit einer Mehrheit von Rechtssubjekten aufstellen, nämlich die Unterscheidung in Teilrechte und -verpflichtungen, Gesamthandsrechte und -verpflichtungen und solidarische Rechte und Verpflichtungen.[180]

a) Bei den Teilrechten und Teilverpflichtungen ist der Inhalt des Rechts, d. h. die im Recht enthaltene Befugnisse teilbar. Sie können zu einem Bruchteil ausgeübt werden, so daß wir bei einer Mehrheit von Subjekten von mehreren (Teil-) Rechten sprechen können.

Verwirkt ein teilbares Recht mit einer Mehrheit von Subjekten (Berechtigten oder Verpflichteten), so ist anzunehmen, daß die Verwirkung nur das Recht derjenigen Subjekte erfaßt, in deren Rechtsverhältnissen die Voraussetzunoen der Verwirkung eingetreten sind. Die übrigen Teilrechte und -verpflichtungen bleiben also unberührt.

b) Bei den Gesamthandsverhältnissen steht das Recht (ungeteilt) mehreren Subjekten zusammen zu (Gesamthandsrecht), bzw. richtet es sich (ungeteilt) gegen mehrere Verpflichtete zusammen. Das Recht kann nur gemeinsam bzw. gegen alle zusammen ausgeübt werden (Gemeinschaft zur gesamten Hand).

Handelt es sich also um ein Gesamthandsrecht bzw. eine -verpflichtung, so ist anzunehmen, daß die Verwirkung dann nur eintritt, wenn ihre Voraussetzungen in den Rechtsverhältnissen aller Berechtigten und Verpflichteten vorhanden sind. Die Verwirkungsvorgänge, die in den Rechtsverhältnissen eines der Berechtigten bzw. Verpflichteten eintreten, können nicht das gemeinsame Recht bzw. die gemeinsame Verpflichtung berühren.[181] Dies ist auf die Natur der Gesamthandsverhältnisse zurückzuführen.

c) Unter solidarischen Berechtigungen und Verpflichtungen sind diejenigen mit einer Mehrheit von Subjekten (Berechtigten bzw. Verpflichteten) zu bezeichnen, bei denen das Recht jedem einzelnen Berechtigten im ganzen zusteht, die Verpflichtung jedem Schuldner im ganzen obliegt, das Recht aber nur einmal verwirklicht werden kann.

---

[180]) Über diese Unterscheidung vgl. Enneccerus-Nippendey § 69, S. 211; Windscheid-Kipp, Lehrbuch, Bd. 1 § 51, S. 229 ff.

[181]) Vgl. §§ 719 Abs. 2, 2040 Abs. 2 BGB., wonach gegen die gemeinschaftliche Forderung nicht mit einer Forderung gegen den einzelnen Gläubiger aufgerechnet werden kann.

Kommen solche Rechte bzw. Verpflichtungen in Betrachtung, so ist anzunehmen, daß die Verwirkung eine Teilwirkung entfaltet, d. h. nur zwischen denjenigen Rechtssubjekten gelten soll, in deren Rechtsverhältnissen die Verwirkungsvorgänge eingetreten sind.[182] Dies ist durch analoge (bei Gesamtschuldverhältnissen direkte) Anwendung der §§ 422—425 BGB zu begründen.

Die Fälle, die aus einer Mehrheit von Rechtssubjekten (Berechtigten bzw. Verpflichteten) entstehen, sind auf Grund der Natur und der besonderen Zwecke der Verwirkung und der verwirkenden Rechte entschieden unter Berücksichtigung der Grundsätze, die das BGB über die Schuldverhältnisse mit einer Mehrheit von Gläubigern und Schuldnern aufgestellt hat.

Die Frage der Wirkungen der Verwirkung in Fällen, wo eine Mehrheit von Rechtssubjekten vorkommt, ist auch von Siebert kurz behandelt.[183] Siebert meint, daß die Verwirkung allgemein nur gegen denjenigen eintritt, dessen Verhalten gegen Treu und Glauben verstößt, wobei die Selbständigkeit des Rechts des Mitberechtigten berücksichtigt werden soll. Da Siebert die Verwirkung als eine Folge der inhaltlichen Begrenzung der Rechte auffaßt, muß er annehmen, daß dasselbe Recht bei den verschiedenen Rechtssubjekten verschiedene Grenzen, d. h. verschiedenen Inhalt haben kann. Das ist ein schwacher Punkt der Auffassung der Verwirkung als eine Folge der inhaltlichen Begrenzung der Rechte.

IV. Die Frage, ob eine Teilverwirkung anzunehmen sei, wurde in mehreren Fällen von der Rechtsprechung auf dem Gebiet des Aufwertungsrechts bejahend beantwortet.[184]

Unsere Auffassung der Verwirkung als eine zeitliche Beschränkung der Rechtsausübung schließt grundsätzlich die Möglichkeit einer Teilverwirkung aus,[185] d. h. die Möglichkeit der zeitlichen Beschränkung der Ausübung nur eines Teiles des Rechts, da die Voraussetzungen der Verwirkung grundsätzlich das ganze Recht erfassen können.

V. Das verwirkte Recht ist ein vollkommenes Recht, dessen Ausübung aber wegen Ablaufs der dafür nach Treu und Glauben bestimmten Zeit nicht mehr zulässig ist. Der Ausübung steht der Einwand der Verwirkung gegenüber, d. h. der Einwand der Unzulässigkeit der Rechtsausübung.

Aus diesem Grundsatz folgt, daß das verwirkte Recht in jeder anderen Beziehung, außer seiner Rechtsausübung, als vollkommenes Recht angesehen werden muß. So z. B. ist die Befriedigung einer

---

[182]) Vgl. die Regelung der Gesamtschuldverhältnisse durch §§ 422 — 425 BGB., wobei nur wenige Aufhebungsgründe eine Gesamtwirkung besitzen. Letztere haben z. B. nicht die Kündigung, die Verjährung usw.

[183]) Verw. und Unzulässigkeit, S. 177 f.

[184]) RG. DJZ. 1932, Sp. 1353; JW. 1932, S. 1056; RGZ. Bd. 114, S. 404; RG. JW. 1929, S. 1741. Für eine Teilverwirkung auch R. Düll, KrVSchr. 1936, S. 333 und 335; R. Franke, JW. 1937, S. 1121; Dänzer-Vanotti, Arbeitsrecht-Kartei, Verwirkung (Tariflohnanspruch).

[185]) Vgl. auch Krause, Schweigen usw., S. 213 f.; Siebert, Verw. und Unzulässigkeit, S. 178.

verwirkten Forderung keine Schenkung und grundlos, sondern Befriedigung einer bestehenden Schuld.[186]

Insbesondere ist hier über die Ansprüche (§ 194 BGB) folgendes zu erwähnen:

Die Befriedigung eines verwirkten Anspruchs ist keine Schenkung, auch wenn sie in Unkenntnis der Verwirkung vorgenommen ist (vgl. über die Verjährung § 222 Abs. 1 Satz 1 BGB). Ebenso sind das vertragsmäßige Anerkenntnis (§ 781 BGB) und die Sicherheitsleistung des Verpflichteten gültig (vgl. § 222 Abs. 2 Satz 2 BGB)

Die Verwirkung eines durch Hypothek oder Pfandrecht gesicherten Anspruchs hindert grundsätzlich den Berechtigten, gegen den belasteten Gegenstand vorzugehen, da dies eine Ausübung des Rechts ist. (Anders bei der Verjährung vgl. § 223 Abs. 1.)

Verwirkt ein Anspruch, der durch eine Bürgschaft gesichert ist, so ist der Bürge grundsätzlich nach § 768 Abs. 1 Satz 1 BGB berechtigt, den Einwand der Verwirkung gegen den Gläubiger geltend zu machen (vgl. auch § 768 Abs. 2).

Wird ein Anspruch verwirkt, der fiduziarisch durch Übertragung eines Rechts gesichert ist, so ist die Forderung zur Rückübertragung des Rechts auf Grund der Verwirkung nicht zu gestatten (vgl. § 223 Abs. 2). Dies ist als billig anzunehmen.

Schließlich ist zu sagen, daß die Verwirkung des Hauptrechts auch die Nebenrechte umfaßt, nämlich die Rechte, die von ihm abhängig sind. So z. B. sollen bei der Verwirkung des Aufwertungsanspruchs auch die Zinsenansprüche als verwirkt gelten (vgl. § 224 BGB).

VI. Es ist insbesondere auf dem Gebiet des gewerblichen Rechtsschutzes behauptet worden, daß durch die Verwirkung eine Sachlage zu einer Rechtslage umgewandelt wird.[187]

Die Auffassung der Verwirkung als eine zeitliche Beschränkung der Rechtsausübung schließt die Annahme einer solchen Wirkung aus.[188]

§ 17. Die Geltendmachung der Verwirkung.

I. Die Frage, ob die Verwirkung eine Einwendung oder eine Einrede begründet, ist sehr bestritten.

Einerseits wird behauptet, daß es sich bei der Geltendmachung der Verwirkung um eine rechtshindernde Einwendung handelt, die infolgedessen von Amts wegen zu berücksichtigen ist.[189]

---

[186]) Vgl. auch H. Stoll, Vertrag und Unrecht, § 53, S. 214.

[187]) Vgl. J. Seligsohn, GRUR. 1930, S. 93 ff. (101); Nolting-Hauff, GRUR. 1932, S. 1088 ff. (1093); Krause, Schweigen usw., S. 202, spricht von einer Umwandlung eines anfechtbaren Zustandes in einen unanfechtbaren.

[188]) Dagegen auch Krückmann, ZfHR. Bd. 104, S. 156. 7.

[189]) Vgl. Krause, Schweigen usw., S. 212, der von einer rechtsbeschränkenden Einwendung spricht; vgl. ferner Siebert, Verw. und Unzulässigkeit, S. 179; HWRechtsW. Bd. VIII, Verwirkung, S. 770. 6; JW. 1932, S. 943 (Anm.).

Andererseits wurde die Verwirkung als eine Einrede (im Sinne des BGB) dargestellt.[100]

Es ist hier zu betonen, daß die rechtliche Begründung der Verwirkung durch § 242 BGB keineswegs zwingt,[101] die Verwirkung als eine Einwendung aufzufassen. Treu und Glauben kann ebenso eine Einwendung wie eine Einrede begründen, was eine Frage der Würdigung der gesamten Rechtserscheinung ist.

Die Antwort auf die hier behandelte Frage ist aus dem Begriff der Verwirkung, aus ihrem Zweck, sowie aus den Bedürfnissen, aus denen sie herausgewachsen ist, zu entnehmen.

Es ist m. E. anzunehmen, daß die Verwirkung eine Einrede begründet. Der Verpflichtete (Beklagte) macht geltend, daß das Recht besteht, aber die nach Treu und Glauben ausnahmsweise für seine Ausübung bestimmte Frist schon abgelaufen ist. Die Verwirklichung des Rechtes ist infolgedessen ausgeschlossen.

Über die Verwirkungseinrede sind die allgemeinen Grundsätze der Einreden anwendbar.

Die Einrede der Verwirkung beruht nicht auf einem Recht. Sie ist eine selbständige Einrede, die die Bedeutung eines Abwehrrechts aufweist, denn ihr Zweck besteht in der Entkräftung eines Rechtes. Sie kann als eine ausschließende bezeichnet werden, da sie die Rechtsausübung endgültig ausschließt.

Die Erkenntnis, daß die Verwirkung eine Einrede begründet, gibt uns die Antwort auf die weiteren, damit im Zusammenhang stehenden Fragen, nämlich die der Berücksichtigung der Verwirkung im Prozeß und die der Beweislast.

Die Verwirkung als Einrede ist nicht von Amts wegen im Prozeß zu berücksichtigen. Es muß dem Verpflichteten überlassen werden, ob die nicht rechtzeitige Rechtsausübung als gegen Treu und Glauben verstoßend ausgeschlossen werden soll.[102] Dafür spricht auch die Tatsache, daß grundsätzlich kein Verstoß gegen Treu und Glauben angenommen werden soll, wenn nicht der Getroffene selbst die Rechtsausübung als gegen Treu und Glauben verstoßend empfiehlt. Die Berücksichtigung der Verwirkung von Amts wegen ist auch nicht mit dem allgemeinen Interesse, mit dem Interesse der Gemeinschaft, zu begründen. Denn die Verwirkung dient ersten

---

[100]) Vgl. Enneccerus-Nipperdey, § 209 IV, S. 699, der von einer dauernden Einrede spricht; ebenso Nipperdey, Hueck-Nipperdey-Dietz, Kommentar zum AOG., Anm. 219 zu § 32, S. 351. H. Lange in „Deutsches Recht" 1935, S. 465 f., faßt grundsätzlich die Verwirkung als Einrede auf, fügt aber hinzu, daß sie von Amts wegen zu berücksichtigen ist, wenn das Gemeinschaftsinteresse die Verwirkung fordert, was nur in groben Fällen sittenwidriger Geltendmachung vorkommt. K. Larenz, Vertrag und Unrecht, Bd. 1, S. 144, spricht von einer besonderen Einrede. Vgl. ferner H. Stoll, Vertrag und Unrecht, § 53, S. 214. F. Müllereisert, JheringsJ. Bd. 85, S. 267, meint, daß die Haftungsbeschränkung des Schuldners, d. h. die Verwirkung auf Antrag des Schuldners eintritt.

[101]) wie Siebert, Verw. und Unzulässigkeit, S. 179 IV, anzunehmen scheint.

[102]) Vgl. K. Larenz, Vertrag und Unrecht, Bd. 1, S. 144; E. Reimer, JW. 1928, S. 2068.

Grades dem privaten Interesse durch Beseitigung von Härten, die in Ausnahmefällen vorkommen können.

Wer die Beweislast trägt, nämlich wer im Prozeß den Tatbestand der Verwirkung zu beweisen hat, ist nach dem allgemeinen, bei Einreden geltenden Grundsatz zu beantworten.[193] Der Beklagte (Verpflichtete) soll den Tatbestand der Verwirkung beweisen, denn die Verwirkungsnormen wirken zugunsten des Beklagten.[194] Dagegen soll der Kläger (Gläubiger) die Unterbrechungs- bzw. Hemmungsgründe der Verwirkung beweisen.

II. Die Verwirkung, die ein Ausfluß des Treu- und Glaubengedankens ist, kann nicht durch Rechtsgeschäft ausgeschlossen oder erschwert werden. Dieses ist aus dem Grundsatz abzuleiten, daß man auf die Berufung auf Treu und Glauben grundsätzlich nicht im Voraus verzichten kann. Ein solches Rechtsgeschäft verstößt gegen die guten Sitten und ist infolgedessen nach § 138 Abs. 1 BGB nichtig.

Dagegen sind solche Vereinbarungen als gültig zu betrachten, durch welche der Eintritt der Verwirkung erleichtert wird. So z. B. kann eine kurze Frist vereinbart werden, was bei den Verwirkungsklauseln in Tarifordnungen häufig vorkommt.

Der nachträgliche Verzicht auf die Einrede der Verwirkung soll grundsätzlich als gültig angesehen werden. Das einredebehaftete Recht wird durch den Verzicht vollwirksam.

III. Über den Beginn, die Hemmung und die Unterbrechung der Verwirkung sind grundsätzlich die entsprechenden Vorschriften über die Verjährung analog anwendbar,[195] soweit sie mit der Natur der Verwirkung vereinbar sind. Die Ähnlichkeit der Rechts- und Interessenlage begründet die Analogie.

a) Die Verwirkung beginnt grundsätzlich mit der Möglichkeit der Rechtsausübung.[196] Besteht die rechtliche Befugnis in einem Unterlassen, so beginnt die Verwirkungsfrist mit der Zuwiderhandlung (§ 198 BGB).[197]

Die Frage, wann das Recht auf Aufwertung als anerkannt gelten sollte, und infolgedessen die Rechtsausübung möglich war, ist in der Praxis viel umstritten worden. Die Beantwortung dieser Frage war deswegen von Bedeutung, weil damit der Beginn des Ablaufs der Verwirkungsfrist festgesetzt wurde.[198]

b) Die Verwirkung ist gehemmt, solange der Verpflichtete vorübergehend zur Verweigerung der Befriedigung des Rechtsinhabers berechtigt ist (§ 202 Abs. 1).

---

193) Vgl. darüber L. Rosenberg, Lehrbuch des Deutschen Zivilprozeßrechts, 1931, § 116 III. 2, S. 391; Enneccerus-Nipperdey, § 207 II. 2, S. 692.

194) Vgl. auch RG. JW. 1931, S. 1892; vgl. weiter E. Reimer, Wettbewerbs- und Warenzeichenrecht, S. 168.

195) Für eine entsprechende Anwendung der §§ 203, 206, 207 BGB. auf die Verwirkung vgl. Krause, Schweigen usw., S. 209.

196) Vgl. auch RG. JW. 1931, S. 610; RG. DRZ. 1929 Nr. 937, Sp. 409.

197) Vgl. ferner §§ 199, 200, die ebenfalls auf die Verwirkung entsprechende Anwendung finden können.

198) Vgl. RG. JW. 1927, S. 2917.

Ferner finden auf die Verwirkung analoge Anwendung die §§ 202 Abs. 2 (Ausnahmen vom Abs. 1), 203 (Stillstand der Rechtspflege und höhere Gewalt), 204 (Rechte zwischen Verwandten, zwischen dem Vormund und dem Mündel), 206 f. (Ablaufshemmung, wobei die da bestimmte sechsmonatige Frist bei der Verwirkung nach Treu und Glauben unter Berücksichtigung der gesamten Umstände im einzelnen Fall zu bestimmen ist).

Als weitere Hemmungsgründe des Ablaufs (bzw. des Beginns) der Verwirkungsfrist kann die Unmöglichkeit der Kenntnis des verwirkenden Rechts bzw. seiner Verletzung bezeichnet werden,[199] sowie der sogenannte wirtschaftliche Druck, nämlich die berechtigte Furcht eines (wirtschaftlichen) Nachteils (in der Regel Kündiung des Arbeitsverhältnisses), falls ein Recht ausgeübt wird.[200]

Der wirtschaftliche Druck als Hemmungsgrund der Verwirkung spielt im nationalsozialistischen Staat keine wichtige Rolle mehr, da durch die Gestaltung des Arbeitslebens und der Arbeitsverhältnisse auf Grund des Gemeinschaftsgedankens (Verallgemeinerung des Kündigungsschutzes, Treuhänder der Arbeit usw.) ein wirtschaftlicher Druck selten vorkommen kann.[201]

Bei der Hemmung wird der Zeitraum, während dessen der Hemmungsgrund dauert, in die Verwirkungsfrist nicht eingerechnet (§ 205 BGB).

c) Die Verwirkung wird durch eine Reihe von Rechtshandlungen unterbrochen.

So wird die Verwirkung durch Anerkennung seitens des Verpflichteten (§ 208 BGB), durch Klagerhebung auf Befriedigung, Feststellung usw.[202] (§ 209 BGB) unterbrochen, weiter nach §§ 210 bis 216, 220 BGB (Geltendmachung des Rechts vor anderen als den ordentlichen Gerichten).

Allgemein ist zu sagen, daß jede Handlung, die die Ausübung im weiteren Sinne, die Feststellung des Rechtes oder seine Sicherung bezweckt, die Verwirkung unterbricht.[203]

---

199) Vgl. über die Unkenntnis bzw. Unmöglichkeit der Kenntnis RAG. JW. 1933, S. 2081; RG. GRUR. 1937, S. 941.

200) Der Fall kommt typisch im Arbeitsrecht vor. Vgl. RAG. Bensh Samml. Bd. 2, S. 17; Bd. 6, S. 133; Arbeitsrechts-Kartei, Verwirkung, Einzelfälle 2 und 11. R. Franke, Deutsches Arbeitsrecht, 1935, S. 269, JW. 1935, S. 1310 und JW. 1937, S. 1121, meint, daß die Verwirkungsfrist überhaupt erst nach Beendigung bzw. Kündigung des Arbeitsverhältnisses beginnen soll. Diese Meinung verkennt die Aufgaben der Verwirkung und nimmt ohne Recht allgemein an, daß jedes Arbeitsverhältnis mit Notwendigkeit von einem wirtschaftlichen Druck begleitet ist.

201) Vgl. auch Dänzer-Vanotti, Arbeitsrechts-Kartei, Verwirkung (Die Verwirkung im Arbeitsrecht).

202) Die Unterbrechung bezieht sich auf das ganze Recht, auch wenn letzteres teilweise geltend gemacht wird. Vgl. auch RGZ. Bd. 129, S. 404. Vgl. aber v. d. Trenck, JW. 1929, S. 3489 (Anm.); R. Franke, JW. 1937, S. 1121.

203) So z. B. die Suspendierung vom Dienste unterbricht die Verwirkung des Rechts auf fristlose Kündigung, vgl. RAG. Bensh. Samml. Bd. 12, S. 104.

Bei der Unterbrechung wird die verstrichene Zeit nicht berücksichtigt. Nach der Beendigung der Unterbrechung kann erst die Frist für eine neue Verwirkung wiederbeginnen.

Jede andere Handlung als die oben erwähnte, soll grundsätzlich als bedeutungslos für die Verwirkung betrachtet werden. So z. B. die mündliche Erklärung, daß man auf seinem Recht besteht,[204] oder ein Verhalten, welches auf das Bestehen auf das Recht andeutet usw.[205]

Bei der Verwirkung der Ansprüche, die aus einer Verletzung eines (Zeichen) Rechts auf dem Gebiet des gewerblichen Rechtsschutzes entspringen, ist die Zeit nicht mitzuberechnen, während der die Verletzung vorübergehend aufgehört hat.[206]

Krause, Schweigen usw. S. 209 meint, daß es eine Unterbrechung der Verwirkung im technischen Sinne nicht geben kann, da es bei ihr an bestimmten Fristen fehlt, die wieder zu laufen beginnen könnten. Er spricht aber weiter S. 210 von Wartegründen. Es ist aber nicht einzusehen, warum die Verwirkungsfrist nach Unterbrechung durch eine Ausübungshandlung nicht wieder von neuem zu laufen beginnen kann. Daß diese Frist nicht fest bestimmt, sondern bestimmbar ist, ist kein Grund, um die Unterbrechung bzw. Hemmung auszuschließen.[207]

Das Problem der Unterbrechung bzw. Hemmung der Verwirkungsfrist ist nicht zu verneinen, gleichgültig ob wir sagen, die Verwirkung ist noch nicht eingetreten, weil die nötige Frist noch nicht abgelaufen ist, oder ob wir von Unterbrechung oder Hemmung der Verwirkungsfrist sprechen. M. E. ist die zweite Betrachtungsweise als zweckmäßiger und natürlicher vorzuziehen.

§ 18. Die Abgrenzung der Verwirkung.[208]

Aus dem Begriff der Verwirkung sowie aus der oben vorgenommenen Kritik der verschiedenen Konstruktionen der Verwirkung sind ihre Grenzen zu anderen verwandten Rechtsinstituten deutlich zu erkennen. Trotzdem wird eine besondere Hervorhebung der grundsätzlichen, hauptsächlichen Unterschiede dazu beitragen, die Grenzen der Verwirkung festzusetzen, und infolgedessen ihren Begriff klarzustellen.

---

[204]) Vgl. RG. JW. 1929, S. 3489; Obergericht der Freien Stadt Danzig, JW. 1931, S. 2649 (Verwirkung trotz Vorbehalt); Mügel, JW. 1930, S. 1045. 9. Bedenklich RAG. Bensh. Samml. Bd. 2, S. 145.

[205]) Staudinger-Werner, Kom. zum BGB., Bd. II Einl. C VI vor § 362, S. 659, meint, daß die Verwirkung nicht nur durch Klage, sondern durch jedes Verhalten des Gläubigers vermieden wird, welches den Schuldner daran erinnert, daß er (der Gläubiger) auf seinem Recht besteht. Vgl. auch KG. JW. 1937, S. 320: „Wenn auch eine gerichtliche Verfolgung dem Kläger zunächst noch nicht angezeigt erscheinen möchte, so hätte er dem Beklagten doch wenigstens Mitteilung machen müssen, damit er wußte woran er war."

[206]) Vgl. LG. Münster, MuW. 1931, S. 226.

[207]) Vgl. auch R. Franke, JW. 1937, S. 1121 Anm. 3.

[208]) Vgl. auch Siebert, Verw. und Unzulässigkeit, S. 180 ff.

I. Die Verwirkung, wie wir sie auffassen, ist mit den Fällen nicht zu verwechseln, die im Gesetz oder in der Praxis als Verwirkungen bezeichnet werden, und welche zahlreich im BGB und anderen Gesetzen vorkommen.

Bei letzteren handelt es sich hauptsächlich um den Verlust eines Rechtes aus verschiedenen, im Gesetz ausdrücklich angeführten Gründen. Vgl. z. B. § 545 Abs. 2 BGB: Verlust von Rechten, infolge Unterlassung der Anzeigepflicht des Mieters, § 971 Abs. 2: Verlust des Rechtes auf Finderlohn bei Verletzung der Anzeigepflicht bzw. Verheimlichung des Fundes, § 1680: Verwirkung der elterlichen Gewalt usw.[209]

Die Verwirkung als zeitliche Beschränkung der Rechtsausübung nach Treu und Glauben hat gar nichts mit diesen Fällen zu tun.

II. Die Verwirkung ist auch von der zeitlichen Beschränkung der Rechtsausübung zu unterscheiden, die durch Rechtsgeschäft eintreten oder aus der Natur des Rechts selbst entstehen kann.[210]

III. Die Verwirkung unterscheidet sich deutlich von der Verjährung und von der Ausschlußfrist. Die Verjährung ist eine starre, allgemeine Regelung des Einflusses des Zeitablaufs auf die Rechtsausübung, sie ist eine allgemeine zeitliche Höchstgrenze der Rechtsausübung. Die Ausschlußfristen sind eine starre Einzelregelung des Einflusses des Zeitablaufs, hauptsächlich auf den Bestand der Rechte.

Gerade aus der Starrheit der Regelung der rechtlichen Wirkungen der Zeit in bezug auf die subjektiven Rechte, wobei hinzuzufügen ist, daß zahlreiche Rechte zeitlich unbeschränkt sind, ist die Verwirkung entstanden. Sie gestattet in Ausnahmefällen die nach Treu und Glauben zeitliche Beschränkung der Rechtsausübung.

Die Verwirkung läßt Verjährung und Ausschlußfristen unberührt und unterscheidet sich von ihnen durch Entstehungsgründe, Zweck, Wirkungen, Gegenstand und gesetzliche Grundlage.

Hinzuzufügen ist, daß die Verjährung und die Ausschlußfristen lediglich auf den Zeitablauf abstellen, die Verwirkung dagegen berücksichtigt alle im einzelnen Fall vorkommenden Umstände.[211]

IV. Die Verwirkung ist von der Verschweigung scharf zu unterscheiden.

Das Charakteristikum der Verschweigung ist eine besondere Veranlassung zum Handeln. Sie ist für die Verschweigung ein entscheidendes Merkmal.[212]

Dagegen ist die Pflicht zum Handeln für die Verwirkung nicht erforderlich.

Außerdem ist die Verschweigung Ausfluß des Gedankens, daß man die Anfechtung von unrechtmäßigen Zuständen im Interesse

---

[209]) Vgl. auch Siebert, Verw. und Unzulässigkeit, S. 180 und 28 f.; Krückmann, ArchCivPr. Bd. 104, S. 106 ff.

[210]) Vgl. oben § 14 II.

[211]) Vgl. auch Siebert, Verw. und Unzulässigkeit, S. 181.

[212]) Krause, Schweigen usw., S. 176 ff.

der gesamten Rechtsordnung nicht verzögern darf. Die Verwirkung entspringt dagegen aus dem Treu- und Glaubensgedanken und bezweckt, ihn in die Regelung der Rechtswirkungen des Zeitablaufs hineinzuführen. Dieser Unterschied bedeutet eine wichtige Wesensverschiedenheit der zwei Rechtsinstitute.

V. Die Verwirkung unterscheidet sich wesentlich vom gegensätzlichen Verhalten.

Der Wesensunterschied dieser zwei Rechtsinstitute liegt darin, daß das Verbot des venire contra factum proprium aus dem Gedanken entspringt, daß es unlogisch, unehrlich, gegen die guten Sitten verstoßend und die Rechtssicherheit gefährdend, infolgedessen rechtlich nicht zu billigen ist, sich mit seinem früheren Verhalten in Gegensatz zu bringen.

Die Verwirkung ist dagegen Ausfluß des Gedankens, daß man in Ausnahmefällen unter besonderen Umständen nach Treu und Glauben die Rechtsausübung nicht verzögern darf.

VI. Den wesentlichen Unterschied zwischen Verwirkung und stillschweigendem Verzicht ist darin zu finden, daß es sich beim Verzicht um ein Rechtsgeschäft, um eine Willenserklärung, bei der Verwirkung dagegen um eine gesetzliche Rechtsfolge handelt, die unabhängig von einer Willenserklärung eintritt.[213]

VII. Die Verwirkung ist mit der Verzeihung nicht zu verwechseln.

Bei der Verzeihung handelt es sich, soweit man sie nicht als Rechtsgeschäft auffaßt, um eine Äußerung einer Tatsache des inneren Gefühlslebens, nämlich um die Äußerung, daß die vom Gegner hervorgerufene Kränkung nicht mehr bestehe, und zugleich um die Erklärung, daß man zur Fortsetzung eines Rechtsverhältnisses bereit sei.[214] Die Verzeihung wurde angewandt, um die Verwirkung des Kündigungsrechts aus wichtigem Grund zu begründen.

Die Verwirkung dagegen hat gar nichts mit einer Äußerung einer Tatsache des inneren Gefühllebens zu tun, sie ist kein Verhalten, aus welchem hervorgeht, daß eine Kränkung nicht mehr besteht. Sie ist die zeitliche Beschränkung der Ausübung der subjektiven Rechte nach Treu und Glauben mit der Folge, daß die Rechtsausübung nach Ablauf der Zeit unzulässig wird.[215] Kenntnis der Kränkung, des wichtigen Grundes, ist bei ihr grundsätzlich nicht erforderlich.

VIII. Es ist schließlich der Versuch gemacht worden, die Verwirkung mit dem § 254 BGB zu begründen.[216]

---

213) Vgl. auch Dänzer-Vanotti, Arbeitsrecht-Kartei, Verwirkung.

214) M. Wolff, Das Familienrecht (Kipp-Wolff) § 35 VI 1, S. 129; vgl. auch v. Tuhr, Allg. Teil Bd. II § 48, S. 120 f.

215) Vgl. auch Siebert, Verw. und Unzulässigkeit, S. 28, der zutreffend sagt, daß die Verzeihung nicht in Betracht kommen kann, weil ihre Grundlage, nämlich die Schuldidee, für die Verwirkung nicht paßt.

216) Vgl. Hedemann, Mitteilungen des Instituts für Wirtschaftsrecht in Jena, Heft 22 (1931), S. 52 ff.; ArbG. Pforzheim, JW. 1934, S. 2651 f. (mit Anm. von Siebert).

Die Verwirkung hat mit dem Gedanken des konkurrierenden Verschuldens nichts zu tun. Sie beschränkt nach Treu und Glauben zeitlich die Rechtsausübung und kommt mit dem Problem der Schadenszufügung und Ersatzverpflichtung sowie mit dem Einfluß eines Verschuldens des Beschädigten auf letztere nicht in Berührung.[217]

§. 19. Der Gegenstand der Verwirkung.

I. Den Gegenstand der Verwirkung bilden die subjektiven Rechte, deren Ausübung durch sie zeitlich beschränkt wird.

Grundsätzlich ist anzunehmen, daß alle Rechte verwirkbar sind. Dies hängt mit der Natur der Verwirkung zusammen. Die Verwirkung ist die Gestaltung der Rechtsausübung nach Treu und Glauben, sie ist Ausfluß des Treu- und Glaubensgedankens, welcher allgemeine Geltung in unserer Rechtsordnung findet. Es ist also mit dem Wesen der Verwirkung unvereinbar, sie auf besondere Rechte bzw. Rechtsgebiete beschränken zu wollen.

Die Entwicklungsgeschichte der Verwirkung zeigt zwei Beschränkungsversuche. So wurde behauptet, daß die Verwirkung nur auf bestimmte Rechtsgebiete, nämlich auf das Aufwertungsrecht, Arbeitsrecht und Wettbewerbsrecht angewandt werden kann, da sie einen außerordentlichen Rechtbehelf darstellt (auf dem Gebiet des Aufwertungsrechtes) bzw. aus den besonderen, in diesen Rechtsgebieten vorhandenen Bedingungen und Bedürfnissen entstanden und infolgedessen für eine allgemeine Anwendung nicht geeignet ist.[218] Diese Meinung kann nun mehr als überwunden angesehen werden. Das Reichsgericht hat sie abgelehnt und die Verwirkung als ein allgemeines Rechtsinstitut anerkannt.[219]

Diese Meinung kann als die herrschende auch in der Wissenschaft bezeichnet werden.[220]

---

[217]) Dagegen auch F. Müllereisert, ZentlBlHR. 1933, S. 248; Siebert, JW. 1934, S. 2651 f. (Anm.).

[218]) RGZ. Bd. 135, S. 376 = JW. 1932, 2972 ff. (dagegen Hamburger in Anmerkung): „Denn dieser (es wird die Verwirkung gemeint), nur für das Aufwertungsrecht anzuerkennende außerordentliche Rechtsbehelf ist hier nicht verwendbar“; RGZ. Bd. 144, S. 22 ff.; Bd. 149, S. 348 ff.; RG. JW. 1937, S. 610 ff. (dagegen Siebert in Anm.); RG. JW. 1936, S. 574. Vgl. auch RG. HRR. 1928, Nr. 818; RAG. JW. 1934, S. 2507; OLG. Köln JW. 1935, S. 228 (mit Anm. von Ruth); OLG. Königsberg HRR, Bd. 1938, Nr. 507.

[219]) Vgl. oben § 2 VII. Ferner RGZ. Bd. 139, S. 83; RG. HRR. 1938, Nr. 276; LG. Berlin JW. 1933, S. 1040 (mit Anm. von Citron), Verwirkung im Genossenschaftsrecht.

[220]) Siebert, Vom Wesen des Rechtsmißbrauchs, 1935, S. 30 Anm. 57; HWRechtsW. Bd. VIII, Verwirkung, S. 769; H. Lehmann, JW. 1936, S. 2193 und 2196; W. Oppermann, JW. 1936, S. 2256 (Anm.); W. Tegtmeyer, JW. 1936, S. 3100; ArchCivPr. Bd. 142, S. 205 und 231; RGRäteKom, Bd. 1, 1934, zu § 242, S. 385; A. Hueck, Deutsches Arbeitsrecht 1938, S. 166. Vgl. auch H. Stoll, JW. 1930, S. 2448. 3; DGZ. 1933, Sp. 1472; Küchenhoff, DGZ. 1930, Sp. 1194 und 1196.

Die Behauptung, daß die Verwirkung nur für bestimmte Rechtsgebiete geeignet ist, ist unbegründet und darauf zurückzuführen, daß der Begriff und die Aufgaben der Verwirkung noch nicht geklärt waren.

Man hat zweitens behauptet, daß die Verwirkung auf bestimmte Rechte nicht angewandt werden darf. So z. B. wurde behauptet, daß der Schadenersatzanspruch sowie Ansprüche aus ungerechtfertigter Bereicherung der Verwirkung nicht unterliegen.[221]

Diese Meinung bringt keine Argumente vor, die den Ausschluß der Verwirkung aus bestimmten Rechten begründen können.[222] Es ist gegen sie einzuwenden, daß die Allgemeingültigkeit des § 242, der Grundlage der Verwirkung, die Allgemeingültigkeit der Verwirkung zum Grundsatz erhebt.[223] Infolgedessen sind Ausnahmen aus dem Prinzip anzunehmen, nur soweit besondere Gründe dafür bestehen. Warum die Ansprüche auf Schadenersatz[224] und aus einer ungerechtfertigten Bereicherung nicht verwirken können sollen, ist nicht einzusehen. Der Anspruchsberechtigte muß auch in diesen Fällen die Rechtsausübung nicht gegen Treu und Glauben verzögern dürfen.

II. Die Allgemeingültigkeit des Verwirkungsgedankens schließt nicht Ausnahmen aus, die auf die Natur gewisser Arten von Rechten zurückzuführen sind.

Aus der Dreiteilung der Rechte nach ihrem Gegenstand, in Personenrechte, Familienrechte und Vermögensrechte,[225] sind allgemein als unverwirkbar die zwei ersten Arten zu bezeichnen.

Die Rechte, deren Quelle die Persönlichkeit ist, sowie die Rechte, die ihre Grundlage in der Familie haben und zur Erfüllung sittlicher Pflichten gegenüber den Familienmitgliedern verliehen sind, können grundsätzlich nicht nach Treu und Glauben zeitlich ihrer Ausübung nach beschränkt werden, so daß ihre nachträgliche Ausübung als unzulässig gelten soll.

Von den Vermögensrechten,[226] die sich in Sachenrechte, Immaterialgüterrechte, Forderungsrechte und Erbrecht einteilen, sind die Sachenrechte wegen ihrer besonderen Natur für die Verwirkung ungeeignet.

Es kann nicht behauptet werden, daß die Ausübung der Sachenrechte, z. B. des Eigentums, der Dienstbarkeiten usw., nach Treu und Glauben zeitlich beschränkt werden kann. Diese Rechte, die sich unmittelbar auf eine Sache beziehen, verlangen wegen

---

221) Vgl. RG. JW. 1931, S. 578.

222) Vgl. auch Hamburger, JW. 1932, 2974 (Anm.); Siebert, JW. 1932, S. 2385; JW. 1933, S. 1267 f. (Anm.); RG. HRR. 1938, Nr. 276; RGZ. Bd. 155, S. 148 ff. = JW. 1937, S. 2267; RG. JW. 1935, S. 1841; RG. JW. 1929, S. 34.

223) Vgl. KG. JW. 1937, S. 320.

224) Gerade die richtige Feststellung des Schadens verlangt in der Regel eine baldige Ausübung des Schadenersatzanspruches.

225) Vgl. Enneccerus-Nipperdey, § 71 S. 214 ff.

226) Die dinglichen Ansprüche, nämlich die Ansprüche aus absoluten Rechten, sind grundsätzlich als verwirkbar zu betrachten.

ihrer Wichtigkeit eine feste Regelung. Es wäre unerträglich, wenn die Ausübung dieser Rechte auf Grund des Treu- und Glaubensgedankens zeitlich beschränkt werden könnte, so daß sie nunmehr unzulässig wäre.

Außerdem ist die Ablehnung der Verwirkung der Sachenrechte auch damit zu begründen, daß die Rechtswirkungen der Zeit im Sachenrecht als abschließend geregelt gelten sollen, so daß für eine zeitliche Beschränkung der Rechtsausübung nach Treu und Glauben im Sachenrecht kein Platz vorhanden ist.

Die Immaterialgüterrechte sind ebenso wie die Sachenrechte grundsätzlich wegen ihrer Natur unverwirkbar, so z. B. das Urheberrecht auf ein literarisches oder musikalisches Werk, das Recht auf eine Erfindung usw.

Es ist aber zu betonen, daß die aus diesen Rechten entstehenden Einzelansprüche verwirken können, so z. B. der Anspruch auf Unterlassung einer Verletzung.

Die Forderungsrechte bilden eines der Hauptgebiete der Anwendung der Verwirkung. Die Ausübung des Rechtes des Gläubigers gegen den Schuldner ist nach Treu und Glauben in Ausnahmefällen zeitlich beschränkt, so daß nach Ablauf dieser Zeit die Rechtsausübung unzulässig wird.

Die besondere Natur des Erbrechts schließt seine Verwirkung aus. Es kann nicht angenommen werden, daß die Ausübung des Erbrechts nach Treu und Glauben zeitlich beschränkt werden kann.

III. Die Verwirkung wird nicht aus dem Grund ausgeschlossen:

a) weil das Recht unter einer, wenn auch kurzen, Ausschlußfrist steht.[227] Es können immerhin Fälle vorkommen, in denen nach Treu und Glauben die Ausübung des Rechts zeitlich beschränkt wird. Praktisch muß es aber selten sein;

b) weil das Recht verjährbar ist. Die Verjährung schließt die Verwirkung nicht aus, wenn sie auch kurz ist.[228] Die Grundgedanken, aus denen Verwirkung und Verjährung entspringen, sind nicht nur vereinbar, sondern beide unbedingt nötig für eine zweckmäßige und gerechte Regelung der Rechtswirkungen des Zeitablaufs;[229]

c) weil das Recht durch ein rechtskräftiges Urteil festgesetzt ist. Denn es ist nicht anzunehmen, daß der Rechtsinhaber nach Feststellung seines Rechtes durch das rechtskräftige Urteil nunmehr die Rechtsausübung nach Belieben gegen Treu und Glauben verzögern darf. Treu und Glauben soll auch hier Härten beseitigen, die durch eine Verzögerung der Rechtsausübung eintreten können.

---

227) Vgl. RGZ. Bd. 124, S. 48 (Verwirkung des Aufwertungsrechts auch bei Vermögensanlagen); Bd. 134, S. 357 f.; Bd. 139, S. 82; KG. JW. 1932, S. 2449; Mügel, JW. 1930, S. 1045. 10.

228) Vgl. OLG. Dresden, DRZRspr. 1932, Nr. 815, S. 667.

229) Vgl. auch Enneccerus-Nipperdey, §209 IV, S. 699.

Das Gleiche soll grundsätzlich in allen Fällen gelten, in denen das Recht durch einen vollstreckbaren Vergleich, eine vollstreckbare Urkunde usw., festgestellt wird;

d) weil das Recht u n v e r z i c h t b a r ist.[230] Es wurde behauptet, daß die Verwirkung des Anspruchs auf Tariflohn im Arbeitsrecht aus dem Grund abzulehnen ist, weil dieser Anspruch unabdingbar ist.[231] Diese Meinung soll hauptsächlich durch die Auffassung der Verwirkung als eine stillschweigende Willenserklärung, als Verzicht veranlaßt sein.

Die Konstruktion der Verwirkung als eine zeitliche Beschränkung der Rechtsausübung nach Treu und Glauben macht diese Meinung unhaltbar. Unabdingbarkeit eines Rechts kann nicht die nach Treu und Glauben zeitliche Beschränkung seiner Ausübung verhindern. Die Verwirkung, ebenso wie die Verjährung und die Ausschlußfristen, sind mit einem unverzichtbaren Recht vollkommen vereinbar.[232]

IV. Aus den obigen Erörterungen kommen wir zu dem Ergebnis, daß der Geltungsbereich der Verwirkung sehr breit ist. Die Verwirkung hat in kurzer Zeit die verschiedensten Rechtsgebiete, eins nach dem andern, erobert und endlich ihre Allgemeingültigkeit errungen. Es ist als Grundsatz anzuerkennen, daß man die Rechtsausübung nicht nach Willkür verzögern und berechtigte Interessen des Schuldners nach einer baldigen Rechtsausübung unberücksichtigt lassen darf.

G e l t u n g s b e r e i c h d e r V e r w i r k u n g i s t d i e g e s a m t e R e c h t s o r d n u n g.

Sie kann grundsätzlich in allen Fällen vorkommen, in welchen die Rechtsausübung gegen Treu und Glauben verzögert wird.

Über die Verwirkung von einzelnen Rechten ist hier in folgender Anmerkung auf Entscheidungen der verschiedenen Gerichte hingewiesen.[233]

---

230) Vgl. auch Siebert, Verwirkung und Unzulässigkeit, S. 188 und 239 ff; Deutsches Gemein- und Wirtschaftsrecht, Bd. 1935/36, S. 146; JW. 1936, 2492 f. Anm. zu RAG.; Dänzer-Vanotti, DRZ. 1932, S. 76; R. Franke, JW. 1937, S. 1119; JW. 1935, S. 1307; A. Hueck, Deutsches Arbeitsrecht, S. 166.

231) Nipperdey (A. Hueck-Nipperdey), Lehrbuch des Arbeitsrechts, Bd. 2, 1930, S. 238: „Das Festhalten an der Unabdingbarkeit, die Nachforderung des Arbeitnehmers verstößt nicht gegen Treu und Glauben, da der Arbeitnehmer nur sein ihm durch das Gesetz mit zwingender Wirkung zugesprochenes Recht geltend macht"; Beiträge zum Tarifrecht, 1924, S. 58. Anders in Anm. zu RAG. Bensh. Samml. Bd. 9 (1930), S. 501 b, und Hueck-Nipperdey-Dietz, Kommentar zum Gesetz zur Ordnung der nationalen Arbeit, Anm. 218—221 zu § 32, S. 350 f.

232) Die Verwirkung des Tariflohnanspruchs schließt Dersch, Das Gesetz zur Ordnung der nationalen Arbeit, 1934, Kommentar, S. 213, aus, auf Grund der Auslegung der Unabdingbarkeit, die die nationalsozialistische Arbeitsverfassung ihr gibt. Dersch kommt in Gegensatz zur herrschenden Meinung.

233) Über die Verwirkung eines M i e t z i n s a n s p r u c h s aus der Vermietung von beweglichen Sachen vgl. OLG. Köln, JW. 1933, S. 1268. Weiter KG. HRR. Bd. 1938 Nr. 504.

Über die Verwirkung d e r R e c h t e a u s § 326 B G B. vgl. RG. Warn. 1919, Nr. 204; RG. Seufferts Archiv, Bd. 76 (1921), Nr. 75; RGZ. Bd. 107, S. 348. Vgl. weiter Staub-Koenige, Komm. zum HGB, Bd. 3, 1926, zu § 374 Anm.

§ 20. Zusammenfassung.

I. Die wirtschaftlichen Fortschritte der letzten Jahrzehnte haben das Tempo des Lebens beschleunigt und das Bedürfnis nach rascher Erledigung der Rechtsverhältnisse scharf zum Ausdruck gebracht.

Die Verjährungsfristen, die nicht nur zu lang sind, sondern auch eine große Zahl von Rechten unberücksichtigt lassen, sowie die Ausschlußfristen, die als Einzelregelungen keine Ausdehnung vertragen, sind nicht in der Lage, die Bedürfnisse des heutigen Verkehrs zu befriedigen.

Die gesetzliche Regelung der Rechtswirkungen des Zeitablaufs leidet auch an Starrheit, da sie die Berücksichtigung des Treu- und Glaubensgedankens ausschließt. Das Bedürfnis, Treu und Glauben in die Regelung der Rechtswirkungen der Zeit, besonders in bezug auf die Rechtsausübung einzuführen, ist durch die nationalsozialistische Weltanschauung, die den Gemeinschaftsgedanken in den Vordergrund gestellt hat, äußerst dringend geworden.[234]

II. Aus dieser Rechts- und Sachlage ist der Verwirkungsgedanke entstanden.

Verwirkung ist die ausnahmsweise nach Treu und Glauben zeitliche Beschränkung der Rechtsausübung.

Sie bildet einen Unterfall der allgemeinen Gestaltung der Ausübung der subjektiven Rechte nach Treu und Glauben. Sie beschränkt in Ausnahmefällen zeitlich die Rechtsausübung, so daß letztere nach dem Ablauf der nach Treu und Glauben zu bestimmenden Frist unzulässig wird. Sie läßt im übrigen das Recht bestehen.

III. Die Verwirkung befriedigt nur teilweise die Bedürfnisse, die sie hervorgerufen haben. Sie führt den Treu- und Glaubensgedanken in die Regelung der Rechtswirkungen des Zeitaublaufs ein.

147, S. 1160; M. Apt, Gutachten der ältesten der Kaufmannschaft von Berlin, Bd. III, 1914, S. 152, Nr. 4.

Über die Verwirkung des Rechts, gegen eine unrichtige Auslegung eines Vertrages vorzugehen, vgl. RGZ. Bd. 144, S. 90 ff.; RG. JW. 1934, S. 1644 f. (mit Anm. von Larenz).

Über die Verwirkung des Rücktrittsrechts allgemein vgl. RG. JW. 1912, S. 385, Nr. 4; RG. Recht 1921, Nr. 2557; OLG. Hamburg, OLGRspr. Bd. 43, S. 35 f. Vgl. weiter P. Oertmann, Komm. zum BGB, Recht der Schuldverhältnisse zu § 355, S. 352. 3.

Über die Verwirkung des Rücktrittsrechts aus einer Kriegsklausel vgl. RGZ. Bd. 88, S. 143 ff.; RG. LZ. 1917, Sp. 267 f.; RG. Warn. 1917, Nr. 164; KG. OLGRspr. Bd. 32, S. 312. Vgl. weiter Plum, JW. 1916, S. 1359 ff.

Über die Verwirkung des Kündigungsrechts allgemein vgl. RG. JW. 1932, S. 1041; ROHG. Bd. 19, S. 114. Vgl. weiter E. Molitor, Die Kündigung, 1935, S. 208 f.

Über die Verwirkung des Kündigungsrechts aus einem Darlehnsvertrag vgl. RG. Warn. 1912, Nr. 162, S. 173.

[234]) Vgl. H. Lange in Deutsches Recht, 1935, S. 466: „Es (das neue Rechtsdenken) fordert insbesondere eine tunlichst unverzügliche Geltendmachung von Rechtsbehelfen und eine nicht unbillige Verzögerung der Geltendmachung von Ansprüchen."

Das Bedürfnis aber nach einer Kürzung der Verjährungsvorschriften bleibt unbefriedigt. Dafür ist das Eingreifen des Gesetzgebers nötig.

IV. Die Verwirkung bildet eine Ausnahme,[235] eine ultima ratio, die der Beseitigung von Härten dient. Ihr Ausnahmecharakter mindert aber keineswegs ihre Bedeutung für unsere Rechtsordnung. Sie ist für das heutige Leben unentbehrlich und bedeutet eine Vervollkommnung der gesetzlichen Regelung der Rechtswirkungen des Zeitablaufs und der Rechtsausübung. Sie trägt wesentlich zu einer gerechten und lebensnahen Gestaltung des Rechts bei.

Die geschichtliche Entwicklung der Verwirkung gibt ein vollkommenes und lebendiges Beispiel der Entstehung, Durchsetzung und allgemeinen Anerkennung eines Rechtsgedankens.

---

[235]) Vgl. Stoll, JW. 1929, S. 1877; JW. 1930, S. 2448; Vertrag und Unrecht, § 53, S. 214; Siebert, Verw. und Unzulässigkeit, S. 247 f.; HWRechtsW. Bd. VIII, S. 770; H. Lange in Deutsches Recht 1935, S. 466. Vgl. ferner RAG. Arbeitsrechts-Kartei, Verwirkung, Einzelfälle 12.

Schrifttum

Abraham: JR. 1928, 187 ff.; DJZ. 1928, 84 f., 293 f.; JW. 1929, 34 f.; JW. 1930, 1354; JW. 1931, 2649; JW. 1932, 1057.

Allfeld: JW. 1932, 3771.

Apt: Gutachten, Neue Sammlung.

Bank: JW. 1934, 2437.

Baumbach: GRUR. 1930, 251 ff.; Komm. Das gesamte Wettbewerbsrecht 1931; MuW. 1931, 7.

Bechert: JW. 1933, 2310.

Beisler: JW. 1928, 1337.

Beseler: Deutsches Privatrecht, 1885.

Best: JW. 1932, 1801 f.

Beutner: JW. 1927, 1848.

Boesebeck: JW. 1933, 2832 (Anm.).

de Boor: JW. 1933, 2276 ff. (Anm.).

Brodmann: GmbHGesetz 1930; JW. 1931, 3026 f.

Buchwald: Arbeitsrecht, Bd. 9 (1929), 476 ff.

Cahn I: MuW. 1932, 329 ff.; Konk. Treuh. 1933, 21.

Callmann: Komm. zum UWG. 1932; GRUR. 1928, 254.

Callman: Komm. zum UWG. 1932; GRUR. 1928, 254.

Citron: JW. 1933, 1040 f. (Anm.).

Daffis: GRUR. 1931, 812 ff.

Dallmayr: Der Rechtsgedanke der Verwirkung und seine Anwendung im Handels- und Gesellschaftsrecht. Rechtsspiegel der Wirtschaft, 1937, Bd. 461 ff.; Verzicht und Verwirkung im neuen Arbeitsrecht. Rechtsspiegel der Wirtschaft, Bd. 1937, 357 ff.

Dänzer-Vanotti: DRZ. 1932, 74 ff.; DJZ. 1935, 1082 ff.; DJZ. 1936, 1455 ff.; Arbeitsrechtskartei. Verwirkung.

Dersch: Das Gesetz zur Ordnung der nationalen Arbeit. Komm. 1934.

Dove-Meyerstein: Handelskammergutachten.

Düll: KrVJSchr. 1936, 321 ff. Besprechung des Buches v. Krause, Schweigen im Rechtsverkehr.

Düringer-Hachenburg-Hoeniger: HGB.

Düringer-Hachenburg-Werner: HGB.

Eckhardt-Arch: ZivPr. 134, 114 f.

Ehrlich: Stillschweigende Willenserklärung 1893.

Elster: JW. 1927, 1569 ff.; GRUR. 1931, 686 ff.; JW. 1931, 430 (Anm.); JW. 1934, 27 ff. (Anm.).

Endemann: HdwbRW. VI, Verwirkung und Verschweigung, 634 ff.; DJZ. 1928, 693 f.; RGFestgabe Bd. 2, 1929, 147; JW. 1932, 1401.

Enneccerus-Nipperdey: Lehrbuch.
Enneccerus-Lehmann: Lehrbuch.
Erdmann: Die Verwirkung. Jena. Diss. 1933.
Feine: Ehrenbergs Hdb., Bd. III.
Finger: MuW. 1931, 298 ff.
Fischer: Die dogmatischen Grundlagen der Verwirkung. Erl. Diss. 1936.
Flechtheim: JW. 1929, 2945 ff.
Franke, R.: JW. 1935, 1306; Deutsches Arbeitsrecht 1935, 258 ff.; JW. 1937, 1118 ff.
Franke, W.: JW. 1935, 3178 f.
Frankenberger: JW. 1928, 2635 f.
Furler: Besitz, Verkehrsgeltung, Verwirkung im Wettbewerbsrecht 1932.
Geiershöfer: JW. 1929, 1645.
Gierke: Deutsches Privatrecht 1895.
Giese: Erlöschen der Steuerschuld durch Verwirkung. Rechtsspiegel der Wirtschaft 1937, 490 ff.
Gieseke: Gruchot 1925, 214 ff.
Goldschmidt: JW. 1931, 597 (Anm.).
Gottschalk: GRUR. 1930, 1 ff.
Groh: SchliW. 1931, 338 f.
Groß: GRUR. 1932, 123 ff.
Grüll: Der Verwirkungsgedanke im neuzeitlichen Arbeitsrecht. Erl. Diss. 1936.
Grünebaum: MuW. 1932, 124 f.
Grussendorf: Deutsche Justiz 1936, 129 f.
Gumpel: Verwirkung im Wettbewerbsrecht. Gött. Diss. 1933.
Hachenburg: Komm. zum GmbHGesetz 1926; JW. 1932, 1647.
Hagedorn: Handelskauf auf Abruf. 1915.
Hagelberg: JW. 1931, 3028 f.
Hagemann: Arbeitsgericht 1932, 116 ff.; Dtsch. Arb.R. 1934, 46 ff.
Hagens: Warenzeichenrecht. Komm. 1927; ZHR. Bd. 95, 490 f.
Hamburger: Treu und Glauben. 1930; LZ. 1928, 1588 ff.; DJZ. 1931, 932; JW. 1931, 735 ff. (Anm.); LZ. 1931, 491 f. u. 1438 ff.; JW. 1932, 2706 u. 2974.
Harmening: JW. 1929. 1965.
Hartmann: ArchZivPr. Bd. 72, 161 ff.
Hedemann: Mitt. des Inst. f. Wirtschaftsrecht, Jena, Heft 22 (1931); Reichsgericht u. Wirtschaftsrecht 1929; Die Flucht in die Generalklausel 1933.
Heilbrunn: JW. 1929, 2143 f. (Anm.).
Heilfron: DStZ. 1927, 1117 ff.; DStZ. 1929, 45 ff.
Heinemann, G. W.: RuPrVerwBl. 51, 670 ff.
Heinemann II: LZ. 1928, 935 ff.
Herschel: ArbGer. 1932, 204 ff.; DArbR. 1936, 184 ff.; Verwirkung des Tariflohns. Soziale Praxis 1937, 778 ff.

Herzog: ZHR. Bd. 93, 456 ff.
Herzog: MuW. 1930, 353 f.
Herzog, S.: Der wettbewerbsrechtliche Besitzstand 1934.
Hessel: NZfA., Bd. 12, 159 ff.
Heymann: RGFestgabe Bd. IV; Holtzendorff-Kohler. Encykl. II. 1914; Ehrenbergs Hdb., Bd. V 1, 425.
Hillenkamp: JW. 1930, 3069 ff.
Hoche: DRZ. 1927, 298 ff.
Höhn: Allg. Schuldrecht 1934.
Hoeniger: SchliW. 1921, 6 ff. u. 78; SchliW. 1922, 23 f.; DJZ. 1922, 147 f.
Huber: Die Verwirkung der Rechtsstellung im Verwaltungsrecht, ZAkDR. 1937, 366 ff.
Hübner: Grundzüge des Deutschen Privatrechts 1930.
Hueck-Nipperdey: Lehrb. des Arbeitsrechts 1929—31.
Hueck-Nipperdey-Dietz: Komm. zum ArbOG. 1934.
Hueck: Bensch Samml. 2, 145; Bensch Samml. 3, 58 ff.; JW. 1934, 1023.
Inhulsen: GRUR. 1930, 602 (Engl. Recht).
Isay: Rechtsnorm und Entscheidung, S. 217 f.
Jacoby: JW. 1929, 1388 f.; JW. 1930, 1499 f.
Jellinek: Treu und Glauben im Verwaltungsrecht. RuPrVerwBl. 52, 805 ff.
Jüngel: JW. 1925, 2453 ff.
Kaiser: MuW. 1929, 565 ff.
Kaskel-Dersch: Arbeitsrecht 1932.
Kauffmann: JW. 1932, 1634 f.
Kipp-Wolff: Familienrecht 1931.
Kirchberger: JW. 1930, 1230 f.
Kisch: JW. 1933, 1648 (Anm.).
Klausing: JW. 1935, 1841 f. (Anm.).
Köttgen: JW. 1932, 491.
Korman: System der rechtsgeschäftl. Staatsakte 1910.
Kranold: bei Kaskel, Hauptfragen des Tarifrechts 1927. Verzicht auf Tariflohn.
Krause: Schweigen im Rechtsverkehr 1933; DJZ. 1934, 1512 ff.
Kreller: JW. 1931, 1206 f.; JW. 1932, 69 ff.
Kreß: Allg. Schuldrecht.
Krönig: JW. 1930, 2728, 3116; Arbeitsgericht 1930, 533 ff.; JW. 1931, 1296; JW. 1932, 434.
Kronstein: Die abhängige juristische Person 1931.
Krückmann: Verwirkung, Besitzstand, getarnte Abschlußfrist, Unzulässigkeit der Rechtsausübung. ZHR. 104, 106 ff.
Küchenhoff: RuPrVerwBl. 51, 275 ff.; DJZ. 1930, 1194 ff.; LZ. 1931, 303 ff.
Lange: Deutsches Recht, Bd. 1935, 465; Vom alten zum neuen Schuldrecht 1934.

Larenz: JW. 1934, 1644 f.; Vertrag und Unrecht 1936.
Legart: JW. 1933, 2665.
Lehmann: JW. 1936, 2193 ff.; ZHR. Bd. 79, 57 ff.
Lenz: DJZ. 1928, 1189.
Leonhard: Allg. Schuldrecht des BGB. 1929.
Lobe: MuW. 1932, 433 ff.
Locher: Krisennotrecht.
Ludewig: JW. 1931, 52 (Anm.).
Magnus: JW. 1927, 1565 (Anm.).
Makulik: Verwirkung im Arbeitsrecht. Köln. Diss. 1933.
Manigk: Willenserklärung und Willensgeschäft 1907; Jher. Jahrb. 83, 27 ff.; Irttum und Auslegung 1918; Die Privatautonomie im Aufbau der Rechtsquellen 1935; Das Problem der Verwirkung. DJZ. 1936, 350 ff.
Mansfeld: JW. 1936, 482 ff.
Markus: MuW. 1929, 413 f.
Meisinger: JW. 1935, 1898 ff.
Mittelstaedt: GRUR. 1927, 137.
Mittelstein: Miete 1932.
Möhl: JW. 1935, 3522 ff.; Dt. ArbeitsR. 1937, 241 ff.
Molitor: JW. 1932, 1275; Komm. zur TVO. 1930; Die Kündigung 1935.
Mügel: Das gesamte Aufwertungsrecht 1927; JW. 1927, 2915 ff. (Anm.); JW. 1928, 1380 f. (Anm.); JW. 1930, 1042 ff.; JW. 1931, 3251 u. 3263; JW. 1932, 592 (Anm.).
Müllereisert: Jher. Jahrb. 85, 262 ff.; ZBH. 1933, 97 ff. u. 247 ff.
Müller-Erzbach: Handelsrecht.
Nipperdey: Beiträge zum Tarifrecht 1924.
Nolting-Hauff: GRUR. 1932, 1088 ff.
Nottarp: bei Stammler. Das ges. deutsche Recht, Bd. I, 1403 ff. 1931.
Oertmann: Komm. zum BGB. Recht der Schuldv. I. 1928; Seufferts Blätter. Bd. 1906, 685 ff.; DJZ. 1931, 265.
Oppenheim: Die Verwirkung im gewerbl. Rechtsschutz 1932; MuW. 1932, 440 ff.
Oppermann: JW. 1936, 2255 f.
Philippe: LZ. 1931, 363 ff.
Planck-Siber: Komm. zum BGB. 1914.
Planck-Gunkel: Komm. zum BGB. Schuldv. Bes. Teil. 1928.
Plum: JW. 1916, 1362; JW. 1917, 944; JW. 1919, 340 ff.; JW. 1924, 986 f.; JW. 1928, 485 u. 651.
Potthoff-Jadesohn-Meissinger: Rechtsprechung des Arbeitsrechts.
Presser: Verwirkung und Ersitzung im Warenzeichenrecht. JW. 1937, 1862 ff.

Priebe: DJZ. 1925, 662 f.
Pütz: Zur Lehre von der Verwirkung im Steuerrecht. JW. 1937, 910 f.
Quassowski: JW. 1928, 3041 f. (Anm.); JW. 1929, 1741 (Anm.) u. 1875 (Anm.).
Regelsberger: Jher. Jahrb. 41, 285.
Reichel, A.: Komm. z. ZGB. Einltg. 1911.
Reichsgerichtsrätekommentar: 1934.
Reimer: Wettbewerbs- und Warenzeichenrecht 1933; JW. 1928, 2064 ff.; GRUR. 1929, 1228 ff.; MuW. 1929, 208 ff.; MuW. 1930, 514 ff.; GRUR. 1931, 417 ff., 861 ff., 1161; MuW. 1932, 277 ff., 407.
Reinhardt: JW. 1933, 1396 f. (Anm.).
Richter: JW. 1934, 1013 ff.
Riezler: Venite contra factum proprium 1912; Rechtsvergl. Handwb. Art. „Rechtsmißbrauch und Schikane", Bd. VI, 1 ff.
Ritter, C.: Kommentar zum HGB. 1932; JW. 1934, 3025 ff.
Ritter, W.: JW. 1934, 2040 f. (Anm.).
Rocholl: Die Verwirkung. Marb. Diss. 1933.
Röder: Die Verwirkung im Arbeitsrecht. Leipzig. Diss. 1937.
Roquette: JW. 1935, 2884 f.
Rosenberg: JW. 1932, 878 f. (Anm.).
Rosenthal: Komm. zum Wettbewerbsgesetz 1930; JW. 1926, 1156 f.; JW. 1927, 108 ff. u. 3045 ff.; LZ. 1929, 884 ff.; LZ. 1930, 1217 ff.; LZ. 1932, 581 ff.
Roth: JW. 1928, 1335; JW. 1933, 1521 ff.
Rothe: JW. 1937, 1449 ff.
Rümelin: ArchZivPr. 93, 131 ff.
Rundstein: BürgA. 43, 319 ff. (Franz. Recht.)
Ruth: JW. 1934, 287 f. (Anm.), 2106 ff., 2869; JW. 1935, 227 f. (Anm.)
Salfeld: JW. 1928, 1339.
Schmidt-Rimpler: Ehrenbergs Handb., Bd. V. 1. 1928.
Schmitt, K. H.: RVerwBl. Bd. 59, 179 ff.
Scholtz: JW. 1930, 2356 ff.
Scholz: Komm. zum GmbHGesetz 1928.
Schramm: MuW. 1931, 609 ff.
Schreuer: Deutsches Privatrecht 1921.
Schüle: Verw.Arch. Bd. 38, 399 ff.; Verw.Arch. Bd. 39, 32 ff.
Schumann: GRUR. 1933, 81 ff.
Schwerin: Grundzüge des Deutschen Privatrechts 1928.
Schwister: JW. 1933, 1857 ff.
Seckel: Festgabe für Koch, 1903, 228 ff.
Seligsohn, J. L.: Abhandlg. zum Arbeitsgebiet des Reichspatentamts 1927, 222 ff.; GRUR. 1927, 365 ff., 636 ff.; GRUR. 1930, 93 ff.; JW. 1931, 1891 f.

Senf: JW. 1934, 2451 f.
Siebert: Verwirkung und Unzulässigkeit der Rechtsausübung 1934; Vom Wesen des Rechtsmißbrauchs 1935; Handwb. der Rechtsw. Bd. VIII. Art.. „Verwirkung S. 766 ffs; DJZ. 1928, 1542 ff.; Anw.Bl. 1932, 326; JW. 1932, 942 f., 2384 f.; JW. 1933, 53 f., 1048 (Anm.), 1267 f. (Anm.), 1322; JW. 1934, 1829 ff., 2438, 2651 f.; Deutsches Recht 1934, 303 ff.; Deutsches Recht 1935, 56 ff.; JW. 1935, 1553 f., 2946 f.; Deutsches Gemein- u. Wirtschaftsrecht, Bd. 1935/36, 145 ff.; JW. 1936, 2492 f.; JW. 1937, 612 f., 2495 f.
Sobernheim: JW. 1929, 664 (Anm.).
Soergel: Komm. zum BGB. 1937.
Sontag: JRdsch. 1928, 81 f., 123 f.
Staub: Komm. z. ADHGB. 1893.
Staub: Komm. zum HGB.
Staudinger: Komm. zum BGB. 9./10. Auflg.
Stoll: JW. 1928, 488 ff.; JW. 1929, 1001 f. (Anm.), 1875 ff.; JW. 1930, 2447 f. (Anm.).; JW. 1931, 2700; DJZ. 1933, 1472 f.; ArchZivPr. 132, 216 ff.; Vertrag u. Unrecht 1936.
Stempel: ReichsVerwBl. 1936, 349 ff.
Szymanski: Lohnverwirkung. Marb. Diss. 1932.
Tegtmeyer: Die Verwirkung. Köln. Diss. 1935; ArchCivPr. 142, 203 ff.; JW. 1936, 3100 ff.
von der Trenck: JW. 1928, 485 ff.; JW. 1929, 3488 ff.; JW. 1930, 2364 ff.; JW. 1931, 2297 ff.
von Tuhr: Allg. Teil des BGB.; Allg. Teil des Schweiz. OblR.
Ulmer: Warenzeichen und unlauterer Wettbewerb in ihrer Fortbildung durch die Rechtsprechung 1929; JW. 1930, 1748 f.; JW. 1933, 2131 f. (Anm.).
Wagemann: Die Arbeitsgesetze 1929.
Walsmann: Der Verzicht 1912; JW. 1927, 2570 f.
Warneyer: Das BGB. 1933, Bd. I; DStZ. 1928, 353 ff.
Wassermann: GRUR. 1929, 413 ff.
Weinmann: MuW. 1932, 154 f. (Österr. Recht.)
Weygand: JW. 1929, 1389 f.
Windscheid-Kipp: Lehrbuch des Paudektenrechts 1906.
Wolff: Sachenrecht.
Wolff-Williger: JW. 1933, 1267.
Würdinger: ArchZivPr. 143, 247 ff. Besprechung des Buches von Siebert „Vom Wesen des Rechtsmißbrauchs“.

FSC
www.fsc.org
MIX
Papier | Fördert
gute Waldnutzung
FSC® C083411

Kolibri 360 GmbH
Ferdinand-Jühlke-Straße 7
99095 Erfurt, Deutschland
produktsicherheit@kolibri360.de